U0613004

LIANJIE WENHUA ZIYUAN DE
KAIFA YU LIYONG

廉洁文化资源的 开发与利用

周建伟　马雪莲　著

SPM
南方传媒　广东人民出版社
·广州·

图书在版编目（CIP）数据

廉洁文化资源的开发与利用 / 周建伟，马雪莲著. —广州：广东人民出版社，2024.8
（廉洁文化丛书）
ISBN 978-7-218-17610-9

Ⅰ. ①廉… Ⅱ. ①周… ②马… Ⅲ. ①廉政建设—研究—中国 Ⅳ. ①D630.9

中国国家版本馆 CIP 数据核字（2024）第 099796 号

LIANJIE WENHUA ZIYUAN DE KAIFA YU LIYONG
廉洁文化资源的开发与利用
周建伟　马雪莲　著

版权所有　翻印必究

出 版 人：肖风华

出版统筹：卢雪华
策划编辑：曾玉寒
责任编辑：伍茗欣　舒　集
装帧设计：样本工作室
责任技编：吴彦斌

出版发行：广东人民出版社
地　　址：广州市越秀区大沙头四马路 10 号（邮政编码：510199）
电　　话：（020）85716809（总编室）
传　　真：（020）83289585
网　　址：http://www.gdpph.com
印　　刷：广州市豪威彩色印务有限公司
开　　本：787mm×1092mm　1/16
印　　张：10　字　　数：200 千
版　　次：2024 年 8 月第 1 版
印　　次：2024 年 8 月第 1 次印刷
定　　价：42.00 元

如发现印装质量问题，影响阅读，请与出版社（020-85716849）联系调换。
售书热线：020-87716172

总　序

陈金龙

（教育部"长江学者"特聘教授，广东党的建设研究院院长）

廉洁是人类社会共同的美德，廉洁政治是国家和人民的期待，这不仅因为廉洁本身是美好的，更因为廉洁的反面——腐败是"政治之癌"，始终是威胁国家安定、影响人民获得感幸福感的毒瘤。习近平总书记指出："一些国家因长期积累的矛盾导致民怨载道、社会动荡、政权垮台，其中贪污腐败就是一个很重要的原因。大量事实告诉我们，腐败问题越演越烈，最终必然会亡党亡国！我们要警醒啊！"

党的十八大以来，我们党开展了史无前例的反腐败斗争，以"得罪千百人，不负十四亿"的使命担当祛疴治乱，"打虎""拍蝇""猎狐"多管齐下，反腐败斗争取得压倒性胜利并全面巩固。反腐败斗争永远在路上。党的二十大报告指出，"党的建设特别是党风廉政建设和反腐败斗争面临不少顽固性、多发性问题"，仍然是我们前进道路上的主要挑战，并誓言"只要存在腐败问题产生的土壤和条件，反腐败斗争就一刻不能停，必须永远吹冲锋号"。

中华优秀传统文化凝聚着治国的智慧，如《道德经》提出了"治大国若烹小鲜"的教诲，意思是治理国家就像烹饪娇嫩的河鲜海鲜，必须小心谨慎掌握火候，多一分会过火，少一分则未熟；也不能翻来覆去，反复无常，让人无所适从。腐败治理是中国共产党政党治理的核心议题，关系党和国家的前途命运，也是治国理政中的"小鲜"。腐败现象是多种因素共同作用的结果，其中有权力监督缺失的问题，有党性缺失和世界观、人生观、价值观异化的问题，有不良党风政风和社会风气的问题，还有消极的历史传统文化的问题，等等。这意味着反腐败斗争的措施必须是全面的、系统的，多管齐下，综合发力，有恒心，有毅力。其中最难的，是净化腐败产生的土壤，也就是一些学者所谓的"腐败亚文化"问题。

常言说，心病还得心药治。遏制和去除"腐败亚文化"，净化社会土壤，就得像老子《道德经》中所说的"以道莅天下"，以习近平新时代中国特色社会主义思想为指导，按照客观规律办事。以文化润心，化解腐败产生的土壤，是反腐败斗争"道"之所在。反腐败斗争，要刚柔并济，既要有敢于斗争的大无畏精神和零容忍态度严惩腐败的"刚"，也要有善于斗争和用廉洁文化涵养社会土壤的"柔"，如此，才能烹好这锅"易糊易碎的小鲜"。

2021 年 7 月，中共中央宣传部、中央文明办、中央纪委机关、中共中央组织部、国家监委、教育部、全国妇联共同下发《关于进一步加强家庭家教家风建设的实施意见》；2022 年 2 月，中共中央办公厅印发《关于加强新时代廉洁文化建设的意见》。党的二十大强调，要"加强新时代廉洁文化建设"，推动严厉惩治、规范权力、教育引导紧密结合、协调联动。新时代廉洁文化既有"刚"的一面，更有"柔"的一面，是新征程上一体推进不敢腐、不能腐、不想腐的重要方略。

作风建设永远在路上，反腐败斗争永远在路上。廉洁文化建设是一个具有重要学术价值和实践属性的议题，期待这套丛书能够为新时代廉洁文化研究添砖加瓦，为新征程上的反腐败斗争实践提供助力。

广东党的建设研究院是经中共广东省委宣传部批准设立的重点智库，成立于2017年，依托华南师范大学马克思主义学院。广东党的建设研究院成立以来，承担了多个党建类研究课题，出版了多部党建主题学术专著，公开发表相关学术论文上百篇，但围绕一个特定的党的建设研究主题组织撰写丛书，从不同角度、多个层面全方位阐释，还是第一次。这是一个新的尝试和好的开端，期待华南师范大学马克思主义学院、广东党的建设研究院有更多的围绕特定主题的成果集中出版。

与此同时，感谢广东人民出版社时政读物出版中心的大力支持与帮助。华南师范大学马克思主义学院同广东人民出版社有多年合作的愉快经历，广东人民出版社欣赏华南师范大学马克思主义学院教师们的学术能力，我们也赞赏广东人民出版社的敬业、专业和对学术研究者的理解、包容。这套丛书从策划选题、组织写作到文字润色、成书出版，广东人民出版社的各位编辑耗费了大量的精力，在此一并致谢！

是为序。

目 录

Contents

引　言

廉洁是人类社会最为美好的价值之一。何谓廉洁？《现代汉语词典》给出了简明的解释：不损公肥私、不贪污。① 廉就是清廉，洁就是洁白，廉洁通俗地讲就是不贪不占、清廉洁白，就是能够坚守正道，抵抗各种诱惑，克制不正当的欲望，保持方正、俭朴的积极状态。正如古人所言："临大利而不忘其义，可谓廉矣。廉，故不以富贵而忘其辱。"② 从字义上理解，廉洁文化就是以廉洁为核心价值的文化形态，具体来讲，廉洁文化"是关于廉洁的理念、习惯、思维方式、制度以及与之相对应的生活方式、行为规范的总和"③。

我国著名学者梁漱溟认为，文化不过是一种生活的样法。廉洁不仅是一种道德规范、政治诉求，更要成为一种社会惯习、一种"日用而不觉"的生活方式，即廉洁文化。党的二十大报告强调，要"加强新时代廉洁文化建设，教育引导广大党员、干部增强不想腐的自觉"。2022 年 2 月，中共中央办公厅印发《关于加强新时代廉洁文化建设的意见》，廉洁文化建设正式成为新时代党的建设的重要内容，标志着

---

① 《现代汉语词典》第七版，商务印书馆 2016 年版，第 811 页。

② 《吕氏春秋·忠廉》，上海古籍出版社 1996 年版，第 166 页。

③ 张国臣等：《社会主义廉洁文化建设论》，人民出版社 2011 年版，第 83-84 页。

不敢腐、不能腐、不想腐进入一体推进新阶段。

新时代新征程,之所以强调廉洁文化建设,根本的原因是廉洁文化意义重大,一体推进不敢腐、不能腐、不想腐需要廉洁文化。推进廉洁文化资源开发,首先要搞清楚廉洁文化建设的价值和意义。

新时代廉洁文化建设是向党员干部喂食"营养剂""防腐剂",是全面从严治党的治本之策。全面从严治党,既要治标,猛药去疴,重典治乱;也要治本,正心修身,涵养文化,守住为政之本。党员干部作为理性人,"不敢腐"是基于对腐败成本收益的比较作出的选择,即腐败的成本高收益低;"不能腐"是法律法规和党内法规健全,执法严格,让贪腐无机可乘;"不想腐"是要消除腐败的思想和动机,从深层次解决腐败发生的问题。相比较而言,"不敢腐""不能腐"主要是慑于外在压力而暂时罢手,一旦压力放松,或者找到了规避的方法,"敢腐""能腐"就会死灰复燃,只有解决了"不想腐"的问题,才能从根本上化解腐败问题。廉洁文化建设针对的恰恰就是"不想腐",它是向广大党员干部投喂文化"营养剂",从思想动机源头解决腐败的发生机制问题,引导党员干部以及全社会构建廉洁的生活方式,达到固本培元的目的。廉洁文化建设是一场自我革命,不仅深刻作用于深层次的思想道德观念,更要构建廉洁的生活方式,让廉洁成为"日用而不觉"的习惯,这是廉洁文化最根本的意义所在。一体推进不敢腐、不能腐、不想腐,推动新时代全面从严治党向纵深发展,必须不断深化廉洁文化建设。此外,廉洁文化建设能够大大降低管党治党成本,有效提高党建工作效益。管党治党是有成本的,对党员规模巨大的中国共产党来讲尤其如此。中国共产党现有党员人数超过9800万人,是世界第一大党,降低管党治党成本,提高管党治党效益,是新时代党的建设的重要目的。廉洁文化建设能够推动构建风清气正的党内政治文化和党内政治生态,在源头上化解党内矛盾,遏制和消解作风问题和腐败现象，帮助党员干部化解风险，有效降低党员干部出问题的概率，让党员干部聚焦工作职责，安心工作，起到降成本、增收益的效果。

新时代廉洁文化建设是向全社会灌注"洗涤剂""净化剂"，推动构建清朗的政治生态和社会生态。党的十八大以来反腐败斗争的成果，全面彰显了中国共产党反腐败斗争的坚定决心和实际效果，但也表明我国腐败问题的长期性和严重性。古语云："与善人居，如入芝兰之室，久而不闻其香，即与之化矣；与不善人居，如入鲍鱼之肆，久而不闻其臭，亦与之化矣。"① 作风问题、腐败问题是多方面因素共同推动形成的，恶化了的政治生态、社会生态在其中起着基础性的作用。一段时间以来，党内和社会上"码头文化""圈子文化"以及关系学、厚黑学、官场术、"潜规则"等庸俗腐朽的政治文化盛行，最让人担心的是"温水煮青蛙"，这些现象衍化为腐败亚文化，成为一种社会生活方式，被社会所容忍甚至接受，导致政治生态和社会生态陷入恶性循环。从这个角度看，廉洁文化建设是向全社会灌注"净化剂"。作为"净化剂"的廉洁文化，能够激浊扬清，让忠诚老实、光明坦荡、公道正派、实事求是、艰苦奋斗、清正廉洁等价值观得到广泛推崇和遵循，给社会政治发展带来新鲜空气，推动构建风清气正的政治生态和向上向善的社会生态，可以说是功在当代、利在万代。

新时代廉洁文化建设是社会主义先进文化添加"强心剂""助推剂"，有效提高全社会文明程度。新时代廉洁文化的主语是"文化"，属于文化范畴。新时代廉洁文化以马克思主义为指导，源于中华优秀传统文化，熔铸于党的革命文化，归属于社会主义先进文化，植根于新时代全面从严治党伟大实践，是我国文化建设的重要方面和重要内

---

① 《孔子家语》，辽宁教育出版社1997年版，第43页。

容，对提高全社会文明程度具有重要意义。新时代廉洁文化注重"正心、修身、齐家、治国"，强调立德树人、以文化人，提倡追求高尚人格，远离拜金主义、享乐主义和各种低级趣味，具有强大的生命力、巨大的吸引力和无穷的感召力，能够有效提升全民族的思想境界和道德水平。新时代廉洁文化建设立足中国、借鉴国外，挖掘历史、把握当代，关怀人类、面向未来，体现包括中华民族在内的人类社会对真善美的共同追求，更好塑造我国的国家、民族和政党形象。

廉洁文化重在"建设"，也就是要拿出积极有效的措施，把廉洁文化各方面的内容做实，让廉洁文化在党的建设特别是在党风廉政建设和反腐败斗争中更好发挥作用。正如《关于加强新时代廉洁文化建设的意见》强调的，要"推动廉洁文化建设实起来、强起来，不断实现干部清正、政府清廉、政治清明、社会清朗"。

廉洁文化建设不是建立在沙滩上的，它需要丰厚的资源作为基础，离不开相关资源有效的开发利用。本书正是聚焦廉洁文化资源的开发利用，结合相关案例，分析阐释廉洁文化资源开发利用原则，梳理各种可资利用的廉洁文化资源，明确其特点和价值，分析其开发利用的合理路径，为新时代廉洁文化建设贡献绵薄之力。

第一章

廉洁文化建设离不开资源开发

新时代廉洁文化建设，是以习近平新时代中国特色社会主义思想为指导，全面贯彻落实习近平总书记关于党的建设的重要思想和习近平总书记关于党的自我革命的重要思想，将社会主义先进文化、革命文化、中华优秀传统文化等各种文化资源中的廉洁元素进行整理、研究和转化、利用，运用于党的建设特别是党风廉政建设，目的是发展积极健康的党内政治文化，涵养风清气正的政治生态，建设优良的家庭家教家风，构建崇廉拒腐的社会文化。廉洁文化建设建立在廉洁文化资源开发上，廉洁文化建设是廉洁文化资源开发利用的过程，廉洁文化资源的开发利用是廉洁文化建设的重要基础。

一、廉洁文化资源的内涵与特征

全面准确认识廉洁文化资源的内涵与特征，是廉洁文化资源开发的重要前提，也是廉洁文化资源顺利开发、有效开发的重要保障。

（一）廉洁文化资源的内涵

廉洁文化资源指内含廉洁属性，对党风廉政建设和反腐败斗争具有积极意义，能够运用于廉洁建设的各种文化资源。具体包括：

（1）廉洁文化理论资源。主要是马克思、恩格斯、列宁等马克思主义经典作家和毛泽东、邓小平、江泽民、胡锦涛、习近平等党和国家领导人有关廉洁建设的重要论述，其中的大部分也可以将其归入社会主义先进文化范畴。

（2）中华优秀传统文化资源。我国自古以来就重视包括廉洁在内的道德养成，中华优秀历史文化资源中廉洁元素十分丰富，如我国历朝历代的思想家、政治家、文学家以及历史名人有关廉洁修身、廉洁从政的经典著作以及家风家训，现存的具有廉洁属性的文化古迹、文物遗存等。

（3）革命文化资源。广义的革命文化资源包括中国近代以来革命先辈为争取民族独立、国家富强的革命斗争的经典论述、奋斗牺牲故事、革命遗迹等；狭义的革命文化特指中国共产党在新民主主义革命和社会主义革命中形成的精神谱系、奋斗牺牲故事、人格风范、革命遗迹等，也就是常说的红色文化。革命文化富含廉洁元素，是廉洁文化建设不可或缺的重要资源。

（4）社会主义先进文化资源。社会主义先进文化是中国共产党在社会主义建设时期、改革开放和现代化建设时期、中国特色社会主义新时代的奋斗中形成的精神文化，其中蕴含着丰富的廉洁文化元素，是新时代廉洁文化建设具有时代性、指向性的资源依托。

（5）档案资源。存放于各地历史博物馆、档案馆中的档案，不仅是历史的记载，也包含丰富的廉洁文化内容，是廉洁文化建设中最为"神秘"、也最吸引人的资源。

（6）其他国家廉洁建设和反腐败斗争的经验教训。《联合国反腐败公约》指出，"腐败对社会稳定与安全所造成的问题和构成的威胁的严重性，它破坏民主体制和价值观、道德观和正义并危害着可持续发展和法治"，"腐败已经不再是局部问题，而是一种影响所有社会和经济的跨国现象"。[①] 腐败与公权力如影随形，无论是在历史上还是在现实中，各国都面临腐败问题的严峻挑战。一些国家和地区在廉洁建设上成效显著，积累了不少好的经验和做法，也有一些国家应对腐败不力，甚至出现政权倾覆、身死国灭的严重后果，教训极为深刻。无论是成功的经验还是失败的教训，都是新时代廉洁文化建设可资利用的资源。

文化有物质文化、精神文化、制度文化三种形态，据此可将廉洁文化资源分为廉洁物质文化资源、廉洁精神文化资源、廉洁制度文化资源三个类别。廉洁物质文化资源是以物质形态形式存在的具有廉洁内涵的资源，如革命历史遗存、纪念馆、博物馆等。廉洁精神文化资源是以无形的精神形态存在和流传、具有廉洁内涵的资源，如中国共产党人的精神谱系、革命先辈的人格风范、优秀家风家教等。廉洁制

---

① 陈正云、李翔、陈鹏展：《〈联合国反腐败公约〉：全球反腐败的法律基石》，中国民主法制出版社2006年版，第212页。

度文化资源是有关廉洁从政、廉洁修身等方面的制度规范，如党的优良传统和惯例、与廉洁相关的国家法律和党内法规等。

廉洁文化资源也可划分为正面资源和反面资源。正面资源直接倡导和体现廉洁价值观，积极正面，泽润人心，如中国共产党人的精神谱系、革命先辈的人格风范、优秀的家风家教等，是廉洁文化资源的主体部分。反面资源包含消极负面的内容，如被查处的党员干部的不良作风和腐败行为，廉洁文化建设也需要反面资源。反面资源直观生动，能够起到重要的警示作用，从实践来看，反面材料具有"震撼"教育的特点，很多时候教育效果比一般的正面材料还要好。《关于加强新时代廉洁文化建设的意见》要求："挖掘警示教育资源，深刻剖析违纪违法典型案例，充分运用忏悔录，制作警示教育片，建好用好警示教育基地，深化以案促改、以案促治，让党员、干部受警醒、明底线、知敬畏。"概而言之，廉洁文化建设要综合运用正反两方面的资源。

链 接

用好反面警示案例资源推动廉洁文化建设

二十届中央纪委二次全会强调："把正向引导和反面警示结合起来，运用典型案例和身边人身边事开展警示教育……促进干部引以为戒、醒悟知止。"山东省青岛市纪委监委深化以案为鉴，用好身边典型案件活教材，不断强化震慑效应。

2023年10月25日，青岛市市南区人民法院开庭审理即墨区人民政府原党组成员、副区长刘新梅涉嫌受贿一案。刘新梅被控利用担任即墨区财政局党组书记、局长，即墨区人民政府党组成员、副区长等职务上的便利，为他人谋取利益，非法收受他人财物，数额特别巨大。

刘新梅当庭表示认罪认罚，并愿意退还违法所得。

刘新梅也是接受警示教育后主动投案的。2023年青岛市领导干部警示教育大会结束后不久，山东省纪委监委网站发布消息称，刘新梅涉嫌严重违纪违法，主动投案，接受青岛市纪委监委纪律审查和监察调查。2023年7月12日，经青岛市纪委常委会会议研究并报青岛市委批准，决定给予刘新梅开除党籍处分；由青岛市监委给予其开除公职处分。

青岛市连续三年召开全市领导干部警示教育大会，并在各区（市）设置分会场，通报违纪违法典型案例，市委主要领导作警示教育辅导。

2023年1月至10月，青岛市共有18名党员干部受到警示教育震慑和政策感召后主动投案。通过政策感召、纪法震慑，犯错的党员干部心服口服认错改错，有苗头性倾向性问题的党员干部自觉自愿接受监督，没有问题的党员干部则自警自省。

（资料来源：《青岛充分发挥警示教育治本功效　从查处一案到治理一域》，中央纪委国家监委网站2023年11月20日）

（二）廉洁文化资源的特征

廉洁文化资源具有五方面的突出特征：

（1）价值导向性。这是廉洁文化资源第一位的特征。廉洁文化的价值内核是廉洁，必须具备廉洁这一鲜明的价值内涵和价值导向，才能成为廉洁文化资源，才具备开发的价值。廉洁文化资源之所以能够发挥泽润人心、反腐倡廉的积极作用，就在于其内含的廉洁价值。

（2）丰富多样性。廉洁文化资源内容丰富，形态各异，分布广泛。随着中国特色社会主义事业不断推进，全面从严治党不断深化，新的廉洁文化资源不断涌现。一些地方抱怨没有廉洁文化资源可资利用，缺乏的其实不是廉洁文化资源，而是发现廉洁文化资源的眼睛。

（3）开发利用性。"所谓资源指的是一切可被人类开发和利用的物质、能量和信息的总称。"① 资源具有现实效用性，是否具备可及性、能不能开发利用，是资源的重要特征和标准；不能触及、不能开发利用的事物，不能称其为资源。廉洁文化资源也是如此。实践中，要重点关注那些契合一体推进不敢腐、不能腐、不想腐的工作需要，关注资源开发的费效比，推动廉洁文化资源开发利用的有效性、节约性。

（4）传承递增性。很多自然资源是不可再生的，使用越多，资源存量就越少，因此必须节约使用自然资源。文化资源恰恰相反。作为人类社会的创造物，文化资源具有传承性和积累性，随着社会的发展进步，文化资源呈现递增的态势，数量越来越多。而且，资源的开发利用越频繁、越深入，不仅资源的效益会得到有效发挥，资源的活力愈加凸显，人的文化创造力愈加激发，文化资源数量自然也愈加庞大，质量也会不断提升。廉洁文化资源也是如此。比如，随着党风廉政建设和反腐败斗争的纵深推进，廉洁建设的理论进一步发展完善，相关制度法规越来越多，反腐败斗争的案例不断增加，这些都是廉洁文化资源新的组成部分；又如，廉洁文化资源的开发利用本质上是文化再生产的过程，传统廉洁文化资源在文化再生产中会实现创造性转化、创新性发展，既体现文化的传承性，也让中华传统廉洁文化资源得到增值。

（5）生动故事性。把廉洁文化资源掰开来看，就是一个个生动的故事，廉洁文化资源的开发利用就是用好、讲好这些生动的故事。故

---

① 赵尔奎、杨朔：《文化资源学》，西安交通大学出版社2016年版，第7页。

事性是廉洁文化资源的重要属性，故事性越强，资源开发的价值越高。廉洁文化资源主要用于廉洁教育，廉洁教育其实就是讲故事。廉洁文化资源的开发利用必须充分挖掘其中蕴含的廉洁故事，讲好廉洁故事。

链　接

▼

富拉尔基深挖老工业区"清廉"文化资源元素

富拉尔基是黑龙江省齐齐哈尔的一个市辖区，是我国老工业基地，也是抗日名城，具有丰富的历史文化资源。富拉尔基区纪委监委立足独一无二的工业资源优势，结合传统文化资源，深入挖掘工业文化、历史文化、民俗文化中的廉洁元素，着力打造具有富拉尔基特色的廉洁文化品牌阵地，作为推进"三不腐"的一项基础性工程。

以工匠精神打造廉洁文化精品。"一五"时期，富拉尔基落户了3个全国重点项目，有被周恩来总理称之为"国宝"、共和国装备制造业长子的中国一重，有"掌上明珠"北满特殊钢厂，还有被称为"中国电力工业的摇篮"富拉尔基热电厂。历史悠久的工业资源，激活了老工业区独特的文化魅力。富拉尔基区纪委监委从工业文化入手，将中国一重展览馆、红岸公园周总理观江处、发电厂156工业记忆走廊、建龙北满特钢展览馆等地连接起来，以这些"廉洁地标"作为传播和弘扬廉洁文化的载体，着力将廉洁文化建设"化虚为实"。

以历史文化传承廉洁文化基因。富拉尔基区纪委监委从革命历史文化中探寻廉洁文化资源，开辟廉洁文化建设路径。选取海满抗战遗址作为传承红色文化、弘扬清风正气的廉洁文化教育基地，将爱国主义教育与廉洁文化教育融为一体，使走近红色人物、探寻红色初心成为党员干部廉洁教育的重要一课。近年来，海满抗战遗址通过开展红色廉洁文化宣讲，共接待8万人次，面向机关干部培训近2万人次。

利用中东铁路旧址、和平路历史文化街区、甲区历史建筑等新中国成立初期代表性建筑中所蕴含的"正气、规矩"等元素,正在推进建设一批廉洁文化街区,让群众直观感受历史文化的魅力,从历史中感悟累积厚重、内涵丰富的文化底蕴,筑牢廉洁文化建设的历史根基。

(资料来源:张彩云、陈猛:《深挖老工业区"清廉"元素——富拉尔基区着力打造廉洁文化品牌阵地》,《齐齐哈尔日报》2023 年 4 月 11 日)

二、廉洁文化资源的价值

功能和价值是分析事物的基本维度。廉洁文化资源有哪些重要的功能,价值何在,是认识廉洁文化资源的基本点,也是推动廉洁文化资源有效利用的前提。需要指出的是,廉洁文化资源的价值评判受时代因素影响很大,对廉洁文化资源价值的认识也有一个过程。

(一)开发价值

开发利用性是廉洁文化资源的重要特点和属性,开发价值自然也是廉洁文化资源重要的功能和价值。因为,资源本身就意味着开发和利用,具有开发价值的资源才能被纳入规划的视野,资源才能被利用起来实现其价值,进而推动社会的发展进步。

资源的开发价值内在于资源本身的价值。对廉洁文化资源来讲,具有政治价值、经济价值、社会价值、教育价值、审美价值中的一个或多个,就具备了开发价值。文化资源的开发价值,除有价值和无价值之分,也有开发价值大小之分,廉洁文化资源蕴含的廉洁元素越多、具备的价值种类越多,开发价值就越大。

廉洁文化资源有内在的价值，但未必一定能够得到开发，因为，是否具备开发价值、开发价值大小，还要考虑其他因素，其中最为重要的是资源的可及性、开发的效用性和资源开发过程的费效比等。概言之，廉洁文化资源的开发价值需要综合评价，是各种因素综合评价的结果。

（二）教育价值

教育价值特别是廉洁教育价值，是廉洁文化资源最为重要的价值，也是其具备开发价值的基础和依据所在。廉洁文化资源的开发利用，主要就是开发其教育价值。总的来说，廉洁文化资源的教育价值主要表现在三个方面：

（1）道德教育价值。廉洁是重要的政治道德、社会公德、职业道德、个人美德，廉洁文化资源内含以廉洁为核心的道德教育元素，道德教育价值是廉洁文化资源基本的价值和功能。廉洁文化资源开发，首要的就是开发其中内含的道德教育元素，引导全社会树立正确的世界观、人生观、价值观，推动党员干部强化廉洁从政、干净干事的思想理念，教育引导社会公众树立崇廉尚廉、向上向善的道德观念，达到升华思想、陶冶心灵、净化土壤、淳化风气的目的。

（2）法治教育价值。廉洁教育与法治息息相关，廉洁教育离不开法治教育。廉洁文化资源包含丰富的法治内容，具有重要的法治教育功能和价值。廉洁教育资源中一个生动的法治案例，往往比讲一百个大道理更能够说明问题，更能给党员干部以警醒警示。通过对廉洁文化资源中法治内容的开发，可以有效引导党员干部知法懂法，牢固树立法治思想、法治思维，明底线、知敬畏。

（3）文化教育价值。廉洁文化资源属文化范畴，廉洁文化资源的开发本质上是一种文化产品生产和文化产品传播，文化教育、文化传承仍然是其底色，廉洁文化资源具有重要的文化教育价值。廉洁文化资源开发也是以党员干部为重点的在全社会开展的文化教育，是对以廉洁为核心价值的社会主义先进文化、革命文化、中华优秀传统文化的传承，以达到不断增强全社会道德水准和文明素养、提高全社会文明程度的目的。

（三）情感价值

"情感在我们的社会中占据至关重要的地位，重视情感的作用已经成为社会科学研究中的必要环节。在具体的情境下，情感会渗透话语，亦会影响行为。哪怕行动结束，情感却仍然留存，塑造着人们的记忆。"[①] 文化资源具有强烈的情感价值，能够满足人们的情感需求。廉洁文化资源具有更强烈、更直接的价值导向，情感价值尤为突出。

（1）情感记忆价值。廉洁文化资源是历史的承载者和记忆者，阅读、参观、欣赏廉洁文化资源，能够唤醒、激活对廉洁价值、廉洁人物、廉洁事迹的情感记忆。比如，"中国共产党是使命型政党，也是情感型政党"[②]，中国共产党的革命文化资源是对党坚持真理、坚守理想、践行初心、担当使命，不怕牺牲、英勇斗争，对党忠诚、不负人民的伟大建党精神的最好诠释，情感记忆价值十分突出；又如，源远流长的中华廉洁文化资源，能够唤起中国人自古以来就追求铁面无私、廉洁奉公的情感记忆。

（2）情感认同价值。无论是有形的物质文化资源还是无形的精神

---

① ［法］安托尼·罗利、法布里斯·达尔梅达：《当历史被情感裹挟》，上海文化出版社 2021 年版，第 229 页。

② 陈金龙：《中国共产党第三个"历史决议"的情感意蕴》，《江苏社会科学》2022 年第 1 期。

文化资源、制度文化资源，都可以成为情感的投射对象，寄托和表达人们的情感诉求。就廉洁文化资源而言，它寄托着社会公众对廉洁奉公、干净干事、崇廉拒腐、风清气正等诸多美好价值的期待和诉求，也表达着对各种腐败现象的不满和痛恨。比如，近年来《人民的名义》《狂飙》等反腐大剧的热播，除了剧作本身具有较高的艺术水平，也同社会公众对腐败现象的痛恨、对铁腕反腐的认同、期待腐败问题早日解决有密切关系。

（3）情感批判价值。情感批判主要表现为情感上、心理上的疏离、鄙视、痛恨等。廉洁文化资源内含对不正之风、对腐败现象、对奢靡现象等强烈的情感批判。比如，狄仁杰探案的故事、包公铡美案的故事之所以仍然受到老百姓的喜爱，与其中蕴含的对腐败现象、特权现象的情感批判有密切关系，至今仍有教育意义，具有醍醐灌顶的效用。

链　接

▼

《论语》有关廉洁的名言警句

习近平总书记强调："优秀传统文化是一个国家、一个民族传承和发展的根本，如果丢掉了，就割断了精神命脉。我们要善于把弘扬优秀传统文化和发展现实文化有机统一起来，紧密结合起来，在继承中发展，在发展中继承。"[①]

《论语》是集中体现儒家思想理论、政治主张、道德观念的著作，北宋宰相赵普曾说"半部《论语》治天下"，生动反映了《论语》的价值所在。廉洁、修身，培养君子人格，贯穿《论语》全文，其中有

[①]《习近平著作选读》第1卷，人民出版社2023年版，第281页。

众多有关廉洁的金句，比如，"其身正，不令而行；其身不正，虽令不从"；"为政以德，譬如北辰，居其所而众星拱之"；"君子喻于义，小人喻于利"；"不义而富且贵，于我如浮云"；"奢则不孙，俭则固；与其不孙也，宁固"；"德之不修，学之不讲，闻义不能徙，不善不能改，是吾忧也"；等等。这些句子生动彰显了我国崇德尚廉、廉为政本、持廉守正的优秀文化传统，也是新时代廉洁文化建设可资利用的重要资源。

（四）经济价值

文化资源的开发利用，不仅能够满足消费者的精神文化需求，为社会创造就业机会，为企业带来利润，为政府带来税收，还能够优化经济环境，促进产业升级，推动高质量发展。廉洁文化属于公共文化范畴，其直接的经济价值可能不十分突出，但其经济价值也是客观存在的。廉洁文化资源具有文化产品开发的价值，惩治贪腐的影视剧在民间喜闻乐见，受众广泛，市场很大。比如，近年来影视行业根据相关案件拍摄的电影和电视剧取得了社会效益、经济效益的"双丰收"；一些传统文化景点、红色文化景点等，将廉洁文化资源融入其中，不仅助力了廉洁文化建设，也助力了文旅产业发展。廉洁文化资源的开发，蕴含的经济价值也是要考虑的一个因素。

链 接

反腐力作《人民的名义》实现社会效益、经济效益"双丰收"

骑自行车上班，在陈旧简陋的家中吃炸酱面，每个月给乡下老母亲汇300元生活费；然而在另一处隐秘的豪宅，壁柜里、床上、冰箱里，却塞满了一沓一沓的现金，总数超过 2.3 亿元……热播电视剧《人民的名义》一开篇，就为我们勾勒了这样一个腐败官员的"两面人生"。立足于反腐实践的影视剧，可以让观众对反腐有更多了解，也有助于更好地营造反腐的社会氛围。

"厉害了，我的'人民'！"《人民的名义》一播出便收获无数点赞。2017 年 4 月 28 日晚，《人民的名义》迎来大结局，收视率一度破 8，市场份额飙到 21.25%，位列全国第一，刷新了省级卫视十年来的收视纪录。

投资方把这部剧以 2.2 亿元的价格出售给湖南卫视，相当于 400 万元/集，投资收益率几乎为 100%。湖南卫视买断《人民的名义》五年内的台、网播出权与分销权，之后 PPTV 以近 2 亿元的价格购得了该剧的网络播出权及分销权。在开播当日，决定改独播为共播，通过分销给爱奇艺、优酷土豆、腾讯视频、芒果 TV、搜狐视频等几家平台，就已收回版权投资。

电视剧的火爆也带动了图书的热销，在电视剧热播之时，很多实体书店和网店都出现了断货的现象。作者兼编剧周梅森接受记者采访时说，书每天卖出 10 万册。《人民的名义》纸书先后 7 印，以 10 天突破 100 万册的速度，累计发行达 130 多万册。电子书点击量破 5 亿次，有声书的收听量也突破了 2000 万人次。

三、廉洁文化资源开发的构成要素和开发原则

廉洁文化资源需要开发才能显现其价值。廉洁文化资源开发由特定的要素构成，开发过程中既要遵循文化资源开发的一般原则，也要遵循廉洁文化资源开发的特殊原则。

（一）廉洁文化资源开发的构成要素

廉洁文化开发是由开发主体、开发对象、开发模式、开发产品、开发环境等多个要素构成的整体。

（1）开发主体。廉洁文化资源开发的主体有党政机关、文化经营单位、文化出版机构、学术研究人员、影视艺术创作人员、城乡规划专家等。不同的主体在廉洁文化资源开发中具有不同的地位和作用，承担着不同的职责。比如，党政机关担负着廉洁文化资源开发制度法规的制定、统筹规划指导等职责，文化经营单位负有管理、经营、维护廉洁文化设施（如博物馆、展览馆、烈士陵园、名人故居等）的职责，学术研究人员担负着发掘整理廉洁文化相关资料、撰写研究论著的职责，文化出版机构担负着策划、出版廉洁文化著作的职责，等等。

（2）开发对象。廉洁文化资源的开发对象就是廉洁文化资源本身。廉洁文化资源是多种多样的，要对其进行细致的调查研究，根据其具体特点进行开发。

（3）开发模式。这是廉洁文化资源开发采取的方式方法、经营模式、技术手段等的总称。文化资源开发的模式有多种，如集群式寡头垄断模式、文化园区模式等，开发途径也有资本途径、市场途径、产业链途径等。① 廉洁文化资源开发属于文化资源开发范畴，开发模式不止一种。不过，廉洁文化资源开发具有明显突出的政治性、价值性，同一般的文化资源开发相比，开发模式主要是党政机构主导下、追求社会利益的公益性开发模式。

（4）开发产品。廉洁文化资源开发最终呈现给社会公众的产品形

---

① 赵尔奎、杨朔：《文化资源学》，西安交通大学出版社2016年版，第95-103页。

态有物质形态和精神形态两种。物质形态的产品主要有展览馆、博物馆、陈列室、名人故居、烈士陵园、廉洁教育公园、塑像、文创产品等，精神形态的产品主要有学术著作、文学作品、影视作品、教学课件、宣传品等。

（5）开发环境。廉洁文化资源开发处在特定的时空环境下，受到政治、经济、文化、社会等各种外部因素的影响，这也就是开发环境。比如，政党制度、法律法规、社会历史文化、社会心理、互联网等信息技术发展、资源配置方式（计划还是市场）等，都不同程度地影响着廉洁文化资源开发。

（二）文化资源开发的一般原则

文化资源开发不是小事，亦非易事。文化资源的科学开发、有效开发，有其一般性的原则要求，廉洁文化资源开发也需遵守。

（1）依法依规、合法合规原则。文化资源是具有特殊性的资源，我国有相关法律法规、政策文件对文化资源开发都有规定，必须遵守。比如，对属于文物范畴的文化资源的开发利用，必须遵守《中华人民共和国文物保护法》等相关法律法规；对一般性文化资源的开发，必须遵循民商事、知识产权、新闻出版、互联网等领域的相关法律法规，也要遵循中央和地方政府的各项政策规定特别是文化产业发展规划；党政机关参与文化资源开发，还要遵循党内法规的有关规定。

（2）整体规划、协调发展原则。文化资源开发要整体规划，坚持协调发展、可持续发展，否则就会造成文化资源的破坏和流失，得不到好的经济效益和社会效益。比如，在文化资源开发的空间布局上，要在充分的调查摸底和具体分析基础上，科学制定开发规划，确定合理的目标任务和开发步骤，避免重复建设和无序开发；文化资源开发要与自然环境、与当地经济社会发展相适应、相协调，不能破坏自然环境，不能与经济社会发展脱节，不顾实际情况搞超前开发，造成资源浪费。

（3）继承发展、创新创造原则。文化资源开发是要在继承的基础上，推进文化资源的创造性转化和创新性发展，以具有鲜明时代意义的文化产品，满足人民群众美好生活需要。正如习近平总书记指出的，我们不能等到非物质文化遗产失去才懂得珍惜，但"讲弘扬和保护各民族传统文化，不是原封不动，更不是连同糟粕全盘保留，而是要去粗取精、推陈出新，努力实现创造性转化和创新性发展"①。

（4）合理开发、保护为主原则。文化资源开发的重要内容，是将文化资源转化为文化产品，"文化产品是在文化资源的开发中进一步形成的，它是对文化资源的深入发掘和深度开发，这个过程是通过文化产业化的方式完成的"②。如影视、小说等文艺作品，博物馆、展览馆、名人故居等物质文化，以及带有鲜明文化元素的文创产品、游憩场所等，都是将文化资源转化为文化产品的结果。要注意的是，将文化资源转化为文化产品，要坚持保护为主，合理适度，不能过度开发，更不能搞破坏性开发。正如习近平总书记强调的："历史文化遗产是祖先留给我们的，我们一定要完整交给后人。""城市建设，要让居民望得见山、看得见水、记得住乡愁。'记得住乡愁'，就要保护弘扬中华优秀传统文化，延续城市历史文脉，保留中华文化基因。要保护好前人留下的文化遗产，包括文物古迹，历史文化名城、名镇、名村，历史街区、历史建筑、工业遗产，以及非物质文化遗产，不能搞'拆真古迹、建假古董'那样的蠢事。"③

---

① 《习近平著作选读》第 1 卷，人民出版社 2023 年版，第 287 页。
② 赵尔奎、杨朔：《文化资源学》，西安交通大学出版社 2016 年版，第 13 页。
③ 《习近平著作选读》第 1 卷，人民出版社 2023 年版，第 418 页。

（5）善用技术、强化传播原则。数字化是文化产品的重要发展趋势，现代文化资源的开发已经离不开数字技术，文化产品的传播已经离不开互联网。2017年4月印发的《文化部关于推动数字文化产业创新发展的指导意见》提出，要促进优秀文化资源数字化，实施数字内容创新发展工程，鼓励对艺术品、文物、非物质文化遗产等文化资源进行数字化转化和开发。就廉洁文化建设而言，《关于加强新时代廉洁文化建设的意见》强调，"推动廉洁文化资源数字化，建设网上廉洁文化展馆"，"加强廉洁文化网络内容建设，充分运用媒体融合成果，增强吸引力、感染力。创新传播载体手段，积极运用社交媒体、移动客户端等传播平台，实现广泛覆盖、有效覆盖"。

链　接

▼

广东文物古迹活化利用典型案例

2023年4月17日，广东省古迹保护协会公布了2022年度广东省文物古迹活化利用典型案例，共有来自省内8个地市的11个项目入选，涵盖古遗址、古建筑、近现代史迹及代表性建筑等多类型不可移动文物。

11个典型案例包括：广州市柏园活化利用项目、广州市文冲陆氏大宗祠活化利用项目、广州市周恩来同志主持的中共两广区委军委旧址活化利用项目、韶关市隆盛酱园博物馆（隆盛酱园老楼）活化利用项目、深圳市大田匠作文化村（大田世居）活化利用项目、珠海市无用手工纺织传习馆（玉我唐公祠）活化利用项目、佛山市孔庙活化利用项目、佛山市和之美学馆（和之梁公祠）活化利用项目、潮州市广济门城楼活化利用项目、河源市仙坑村登云书院遗址活化利用项目、江门市龚昌荣故居活化利用项目。这些项目以其蕴含的红色革命文化、优秀传统文化及重大历史文化价值为基础，通过多元的活化利用形式、创新的管理运营模式，在动员社会力量广泛参与、打造区域文化品牌和带动乡村振兴等方面有突出示范作用。

广州柏园始建于 20 世纪 20 年代，是当年国立中央研究院历史语言研究所首个独立所址。修缮之后的柏园，一层为公益文化项目"粤书吧"，二层开设主题展览。柏园的活化利用深刻契合了文物建筑的价值内涵，与广州东山片区的民国建筑群相映成趣。

潮州市广济门城楼始建于明代，是潮州古城地标性建筑之一，更是地方优秀传统文化的展示平台。这里举办的潮州非遗精品展，融入潮州市十几项国家级非物质文化遗产代表性项目。

（资料来源：唐培峰：《打造区域文化品牌　带动乡村全面振兴》，《广东建设报》2023 年 4 月 21 日）

（三）廉洁文化资源开发的特殊原则

与一般的文化资源相比，廉洁文化资源有其特殊性，廉洁文化资源开发需要遵循一些特殊的原则要求。

（1）正确政治立场。廉洁文化具有鲜明的意识形态特征，具有突出的政治立场、价值立场，不是一般的消费文化，廉洁文化资源开发必须把正确的政治立场、价值立场放在第一位，廉洁文化产品要充分体现正确政治立场和价值立场。不可否认，在社会主义市场经济条件下，很多廉洁文化产品要借助市场进行推广，但廉洁文化产品不是完全消费化的商品。坚持正确政治立场，就必须坚持和加强党的全面领导。廉洁文化资源开发要把党的领导贯穿全过程，充分发挥党的领导的政治保障作用。

（2）彰显廉洁价值。廉洁文化资源开发的关键，是充分挖掘和呈现其中蕴含的廉洁元素特别是廉洁价值，将廉洁价值以具象化的产品呈现出来，用生动的故事讲述出来，让党员干部和社会公众喜闻乐见的同时受到熏陶和教育。这也意味着，廉洁文化资源开发要坚持以正面引导为主，注重挖掘文化资源中积极向上的内容；对反面资源的开发利用则要注意呈现方式和尺度，用反面案例讲述积极的廉洁故事。

（3）增强文化自信。廉洁文化资源的核心内容是社会主义先进文化、革命文化、中华优秀传统文化，但一些人对这三种文化仍有疑虑，文化自信不足。比如，有人认为，中国传统文化包含有太多"潜规则"，有很多贪腐元素，甚至具有腐败文化的特征，这其实是对中国传统文化不自信的体现。文化自信不是对文化的盲目自大、故步自封，而是客观分析基础上的理性自信。我们不否认中国传统文化中存在消极的糟粕，但中华优秀传统文化是中国传统文化的主体部分，中华优秀传统文化的积极价值不能否认。正如习近平总书记强调的："创作出具有鲜明民族特点和个性的优秀作品，要对博大精深的中华文化有深刻的理解，更要有高度的文化自信。"[1] 廉洁文化资源的开发，需要坚定文化自信，才能挖掘廉洁文化资源中的积极元素，实现创造性转化、创新性发展，创作出优秀的廉洁文化作品。

（4）更加注重创意。廉洁文化最大的挑战，就是优秀的文化资源没有现代的创意注入，最终沦为没有吸引力的、平庸的道德说教。正因为廉洁文化产品吸引人不容易，所以更要注重文化创意，将文化资源中的廉洁价值具象化、生动化，用有创意的好产品讲好廉洁故事。廉洁文化资源的开发、廉洁文化产品的创作，要更加精心、更加细致，规划好产品形态，做好宣传推广。

（5）注重费效比。廉洁文化资源开发具有鲜明的政治性、公益

---

[1] 《习近平著作选读》第 1 卷，人民出版社 2023 年版，第 536 页。

性，决策和开发往往带有较强的政府行为色彩。从实践来看，地方党委和政府在决策和实施过程中，容易出现不注重费效比、成本收益失衡的情况，有的甚至会搞成政绩工程，造成严重的资源浪费。近年来，一些地方基层党建中出现了明显的攀比、浪费情况，引发了社会争议，廉洁文化资源开发要引以为戒。总而言之，廉洁文化资源开发要特别注意调查研究，注意成本核算，注重费效比，以小投入获得好收益，以廉价的方式开发廉洁文化资源，创作出优秀的廉洁文化作品。

链　接
▼
遏制基层党建设施浪费苗头

2022 年以来，半月谈记者实地走访多省区数十个市县的机关、企业、村组、社区，发现党建标牌建设出现奢侈化苗头。在一些地方，党建标牌体量大，有的数十米长、十几米高。

在中部某村旁的高速下道口，半月谈记者看到一块巨幅党建标牌，目测长逾 10 丈，高逾 3 丈。询问当地一名基层干部获悉，这个党建标牌建成于 2021 年下半年，总花费逾 44 万元。承揽这一项目的企业负责人说，今年还有好几个上百万的项目，有的正在洽谈，有的在做图纸设计。

在北方某地一处休闲文化广场，半月谈记者看到"有困难找党员、要服务找支部"12 个红色大字。承接工程的黄姓老板说："每个字 6 米长、6 米高，制作安装费共 31.18 万元。"

中部某市建设城乡一体示范区党建主题公园，占地约 1.9 万平方米，概算投资 1500 万元。西南某地一处党建公园，投资逾 7000 万元。这类"党建公园"虽以"党建"命名，但许多内容与党建无关。

受访基层党组织工作人员告诉半月谈记者，近年来党建设施改造升级、新建项目增多，与各地相互攀比仿效有关系。"别人建了，自己也要建；人家建一个 5 米的，自己就要建 10 米的；别人用水泥石头，自己就用高科技新材料。亮化装饰是标配，还要配套做电路改造，以便向上级申请更多资金。"

（资料来源：《12 个大字花了 31 万！遏制基层党建设施浪费苗头》，《半月谈》2023 年第 17 期）

四、廉洁文化资源开发规划

古语云，凡事预则立。在现代社会，发展规划就是重要的"预"。发展规划是设计和制定未来的发展目标、路径和相对具体的行动方案，是对未来发展整体性、长期性、基本性问题的深度思考及解决方案。廉洁文化资源开发要建立在科学规划的基础上，编制好廉洁文化资源开发规划，是廉洁文化资源开发前提性、基础性的工作。

（一）廉洁文化资源开发规划编制的原则要求

廉洁文化资源开发规划是根据中央和上级党委政府要求，按照相关法律法规，在对本地廉洁文化资源全面调查基础上，制定的本地廉洁文化资源开发利用的目标蓝图和工作构想。廉洁文化资源开发总体上属于经济社会发展的范畴，既有文化发展的属性，也属于党建工作范畴，因此，廉洁文化资源开发规划编制既要遵循经济社会发展规划编制的原则，也要遵循文化发展的原则和党的建设的原则。

（1）坚持党的全面领导。贯彻落实党管宣传、党管意识形态、党管媒体原则，坚持和落实党委对廉洁文化资源开发的全面领导，发挥各级纪委在廉洁文化资源开发规划编制中的领导作用，把党的领导落实到廉洁文化资源开发规划编制工作的各个方面、各个环节。

（2）坚持把社会效益放在首位。廉洁文化建设要始终坚持社会效益优先，廉洁文化资源开发要服从和服务于廉洁文化建设，也要始终把社会效益放在首位，相应地，廉洁文化资源开发规划编制也要坚持把社会效益放在首位。当然，廉洁文化资源开发并不排斥市场机制和文化产业，开发中也要适当借助市场机制和文化产业，推动有效市场和有为政府更好结合，实现社会效益和经济效益的有机统一。

（3）坚持调查研究。没有调查就没有发言权。全面细致的调查研究是规划编制的基础，廉洁文化资源开发规划也不例外。要全面调查本地区拥有的革命文化资源、中华优秀传统文化资源、社会主义先进文化资源中可供开发的廉洁元素，调查本地区与廉洁文化建设有关的其他资源分布情况，以科学的方法对资源的价值大小、开发成本、开发收益等进行评估，为廉洁文化资源开发规划编制提供依据。

（4）坚持可持续发展、可持续利用。可资开发的廉洁文化资源大多蕴含在历史文化资源、红色文化资源中，要以新发展理念为指导，坚持保护为主的原则，确保历史文化资源、红色文化资源的可持续发展，实现可持续利用，防止无序开发、过度开发。

（5）坚持固本培元、守正创新。固本培元、守正创新是文化发展的一般原则，是"两个结合"（马克思主义基本原理同中国具体实际相结合、同中华优秀传统文化相结合）特别是"第二个结合"的重要体现。作为文化建设范畴的廉洁文化资源开发规划也要遵循这一原则。规划编制要以习近平文化思想为指导，深化文化体制改革，增强文化发展动力，激发文化发展活力，有效开发利用社会主义先进文化、革命文化和中华优秀传统文化，实现创造性转化、创新性发展。

（6）坚持统筹兼顾。廉洁文化资源开发涉及党的建设、意识形态和思想宣传工作、文化事业发展、互联网新媒体发展、文化旅游产业发展、城乡规划、人才队伍建设等不同领域，关系事业与产业、国有与民营、阵地与市场等不同方面，廉洁文化资源开发规划编制要牢固树立系统观念，贯穿系统集成、协同高效的理念。

（二）廉洁文化资源开发规划的内容和要求

廉洁文化资源开发规划一般有两种方式：一是就廉洁文化资源开发制定专门的规划。2022 年初中央提出廉洁文化建设的概念，时间还很短，据笔者所见资料，还没有专门的廉洁文化资源开发规划出台。从规划编制实践看，制定专门的廉洁文化资源开发规划难度很大。辖区内廉洁文化资源极其丰富，才有制定专门规划的必要。二是将廉洁文化建设、廉洁文化资源开发作为文化发展规划或党的建设规划的一部分进行编制，这是一种合理可行的做法。

廉洁文化资源开发规划同经济社会发展规划内容大体相同，同时也有一些自己的特色，内容应当包括：

（1）规划背景。主要是分析阐述廉洁文化资源开发规划的政策依据、开发意义、开发基础、现实条件等。

（2）廉洁文化资源分布情况。主要分析本地区社会主义先进文化、革命文化、中华优秀传统文化中蕴含的廉洁文化资源分布情况，特别要说明本地区特色鲜明的廉洁文化资源禀赋，为规划提供现实依据。

（3）指导思想、目标任务和原则要求。指导思想方面，强调以马克思列宁主义、毛泽东思想、邓小平理论、"三个代表"重要思想、科学发展观、习近平新时代中国特色社会主义思想为指导，全面贯彻习近平文化思想、习近平总书记关于党的建设的重要思想，坚持"两个结合"，坚持可持续发展、可持续利用，固本培元、守正创新，统筹兼顾、协同高效，充分发挥廉洁文化资源在党的建设和社会主义文化建设中的作用。目标任务方面，可以总体性地描述廉洁文化资源开发的目标，也可以分阶段列出廉洁文化资源开发的目标。原则要求方面，要分点列出具体的原则，并作扼要说明阐述。

（4）主要工作和要求。主要内容是以国家相关法律法规、党中央和上级党委政府的有关政策为依据，结合廉洁文化建设的要求和本地廉洁文化资源状况，分为若干个部分，写清楚廉洁文化资源开发的主要内容、重点工作、主要措施等。这部分是规划的主体部分和核心内容，也是撰写难度最大的，需要在调查研究基础上，深入研究讨论，并广泛征求意见。

（5）人才队伍建设。文化建设，人才为本。廉洁文化资源开发对人才的要求很高，不仅要懂党建工作，还要懂文化建设，懂中共党史和乡土历史，懂文化产业。基层中能够同时承担起党的建设和文化建设的人才相对不足，规划中可以专门对廉洁文化建设人才队伍的培养使用进行安排部署。

（6）保障措施。主要是对组织领导、工作协调、经费支持、实施机制等作出规定，激发各类主体参与规划实施的积极性、主动性、创造性，形成廉洁文化建设、廉洁文化资源开发工作合力。

廉洁文化资源开发规划的要求：

（1）实事求是。根据本地区实际情况确立工作目标，确定工作重点，不搞高指标、"大跃进"，不做没有基础和条件的事。

（2）符合规划编制的流程。规划编制是党委、政府一件极其严肃的工作，有严格的工作流程，廉洁文化资源开发规划也是如此。基本流程是：组建编制工作小组—制定规划编制工作—开展调查研究—撰写规划初稿—对初稿进行修改，形成征求意见稿—征求各单位、各部门意见—修改定稿—会议通过。

（3）符合规划的体例要求。规划是一种特定的公文文种，有特定的体例要求，要按照规划的体例要求来撰写文本。

（三）廉洁文化资源的调查与评估

对本地廉洁文化资源进行全面细致的调查研究，摸清本地廉洁文化资源底数，是科学规划廉洁文化资源开发的前提和基础，也是党的建设和文化建设中实事求是优良作风的体现。在廉洁文化资源开发规划编制之前，要开展调查研究；在编制过程中，如有需要，还要进行补充调查。

廉洁文化资源调查工作内容主要有：

（1）本地区廉洁文化资源概况，包括本地区拥有的廉洁文化资源类型、数量、质量、空间分布等。

（2）本地区廉洁文化资源开发情况，包括已经开发的项目数量、类型、开发程度、取得的进展和成效、存在的问题和不足等。

（3）本地区特色廉洁文化资源的具体情况，重点是本地区历史文化资源、革命文化资源、社会主义先进文化资源中的廉洁元素情况。

（4）本地区能够用于廉洁文化建设的其他资源状况，如历史遗存、现代科技、城乡建设等能够用于廉洁文化建设的资源。

廉洁文化资源调查的方法主要有：

（1）文献调查。即通过图书馆、档案馆、互联网等收集文献资料。廉洁文化资源大多是以历史文献形式存在，文献调查是廉洁文化资源调查的基本方法。文献调查能够帮助规划编制人员了解本地廉洁文化资源的历史与现状，了解与廉洁文化资源开发相关的法律法规、政策文件，同时也能为实地调查提供基础。

（2）实地调查。即调查人员通过实地走访、勘探、观测等方式开展调查研究，获取调查对象信息的田野工作方法。廉洁文化资源生长在、存在于特定的自然和社会历史环境中，通过实地调查、实地观测，才能更深入地把握廉洁文化资源存在的实际状态，为规划编制提供基础，也为后续开发提供思路。

（3）访谈。这是通过与被调查者进行交谈获取信息的一种调查方法，可以采用面对面座谈或个别访谈、电话交谈、网络访谈等方式。访谈法是文旅调研中的常用方法，具有获取的信息丰富深入、适用性强、灵活性高、易于实施等优点。本地廉洁文化资源状况如何、特色资源来龙去脉是怎样的、有没有开发价值、专家和居民对资源开发有什么意见和建议，需要访谈相关的专家学者、有亲身经历或了解情况的老人、了解本地历史掌故的"土专家"，以及有利益关系的普通居民、游客等。

（4）问卷调查。这是通过问卷来获取调查对象信息的一种常用方法，优点是样本量大、快速高效、成本低，收集的资料可做定量分析，结果精确。可以采用问卷来了解当地居民和游客对廉洁文化资源开发的看法、评价、建议等，为规划编制提供重要参考。

廉洁文化资源开发要讲求费效比。对廉洁文化资源的价值作出科学评估，是落实费效比原则的体现，也是廉洁文化资源开发的一大前提。廉洁文化资源的价值是多方面的，在评估时要综合考虑：

（1）社会价值。道德价值、教育价值、审美价值、情感价值等，是廉洁文化资源最重要的价值。廉洁文化资源开发首先要考虑的就是其中蕴含的社会价值大小。

（2）历史价值。文化资源大多跟历史相关，具有见证历史变迁发展的价值，廉洁文化资源也不例外。

（3）经济价值。廉洁文化资源能够带来利润、税收、就业等经济利益，是廉洁文化资源转化为文化产品、文化服务后所具有的市场价值。廉洁文化资源的经济价值有显性和隐性两个方面。显性的经济价值主要表现在：廉洁文化资源通过有效的开发成为文化产品和文化服务，带来直接的经济收益，如影视票房、景点门票收入、文创产品收入等；同时，廉洁文化资源开发带动本地文旅业、酒店业、餐饮业的发展，带来实实在在的经济收益。隐性的经济价值主要体现在：廉洁文化对党员干部和社会公众干事创业精神的促进、对营商环境的改善，以及对腐败带来的交易成本的遏制等，这些虽然不能带来直接的经济效益，但却对经济发展具有长远的促进作用。

（4）艺术价值。廉洁文化资源能够转换为小说、戏剧、影视等艺术作品，具有很高的艺术价值。

（5）学术价值。研究文化资源是重要的学术研究对象，具有学术研究的价值。

评估廉洁文化资源的价值要综合考量，评估的方法也有多种。考虑到廉洁文化资源鲜明的意识形态性、文化资源价值评估的专业性和主观性，德尔菲法是一种较好的评估方法。德尔菲法是一种专家调查方法，通过多轮专家群体的匿名调查和反馈循环，最终形成专家共识，对廉洁文化资源作出合理的价值评价。

（四）廉洁文化载体建设

廉洁文化载体是指承载廉洁文化的平台，包括物质性载体和非物质性载体两大类。物质性载体有博物馆、展览馆、图书馆、名人故居、新时代文明实践中心、廉洁教育基地、文创产品等，非物质性载体主要有网络平台、电视栏目、报纸专栏等。

廉洁文化资源载体是廉洁文化资源开发的基础性部分和关键性内容，是能够通过规划得以较好实现的工作。载体建设涉及方方面面，是在地方党委政府领导下能够很好完成的工作，相对而言，廉洁文化资源内容开发（如影视节目开发），最需要的是艺术创意和艺术加工能力，这是很难通过规划来实现的。因此，廉洁文化资源规划的编制，要把载体建设放在重要位置。

廉洁文化载体建设规划要注意以下方面：

（1）坚持实事求是、依法依规，科学决策、民主决策。廉洁文化载体建设要有客观的条件和基础，也需要大量的资金投入，而且很多项目资金投入是持续的、长期的。涉及历史遗存的载体建设项目，还要考虑文物保护、城乡规划等相关法律法规的规定。对地方党委政府来说，廉洁文化载体建设规划必须坚持实事求是、审慎决策，具体来说，就是要在深入调查研究的基础上，客观分析廉洁文化载体建设的条件是否满足，载体建设投入产出费效比如何，载体建设模式是否合理，特别是对那些条件要求高、投入大的载体建设项目，一定要科学决策、民主决策，宁肯慢点也要好点，切不可搞"拍脑袋工程"，盲目上马。

（2）做好分类规划，突出地方资源禀赋，增强载体建设实效。不同类型的廉洁文化载体，规划建设的条件和要求有所不同。比如，名人故居等物质性载体要求地方有相关的历史文化遗存，否则就需要投入庞大的资金新建博物馆、展览馆等，"无中生有"是有相当难度的；电视栏目、网络平台等非物质性载体要求地方有比较强的技术条件和人才支持，没有技术和人才支持，盲目上马会进退两难。要根据不同类型载体的特点和建设要求，分门别类进行规划，不可"眉毛胡子一把抓"。要突出地方历史文化、人才等方面的资源禀赋，重点规划建设有自身特色和资源优势的廉洁文化载体。

（3）整合资源，调动各方面力量共同打造廉洁文化载体。廉洁文化载体建设涉及纪检部门、宣传部门、文化部门、文物保护部门、广播电视部门、国土和规划部门、建设部门、司法部门、教育部门、社区（行政村）、企业等各个方面，资源整合、力量整合特别重要。规划编制要对资源整合作出规定和要求，为后续工作打好基础。

链　接

浙江温州："一书一街区"，廉韵润斗城

温州又称"千年斗城"，是国家历史文化名城、中国山水诗发祥地、南戏故乡，也是诸多贤达的成长和历练之地。刘基、张璁、王诤等良臣成长于温州，王羲之、胡则、何文渊等贤吏为官于温州，留下了极其丰富的廉洁文化遗产。温州还拥有永昌堡、玉海楼、碗窑古村等一批蕴含清廉元素的历史文化景观，厚植了风清气正的文化根基。

温州市委、市政府出台《关于新时代廉洁文化建设的实施意见》，以清廉温州建设为总牵引，建立健全廉洁文化建设统筹协调机制，扎实推进思想固本、文化强基、家风浸润、教育指引、规范用权、弘扬风尚等六大重点工作，着力培育一批廉洁文化建设样板、打造一批廉洁文化活动品牌、建设一批廉洁文化传播阵地、推出一批廉洁文化精品力作、形成一批廉洁文化理论成果，进一步提升廉洁文化的引领力、传播力、感染力，不断实现干部清正、政府清廉、政治清明、社会清朗。

温州市五马清廉街区立足于历史文化街区的基础之上，以"清风鹿鸣·廉街和畅"为主题，将清廉元素与历史古迹相融合，按照"一横一纵"进行布局建设，沿线保留着"墨池""却金亭""戒石铭亭"等廉洁文化古迹，建有温州城区革命历史馆、温州科举试院展示馆等红廉教育基地；分布着却金二贤石雕等清廉景观；打造了鹿城供电分局禅街供电所、鼓楼社区、温州市第八中学、五马社区卫生服务中心、百年老店"老香山"、一百商场等清廉单元，形成一张联通纵横的"清廉地图"。

"白鹿衔花来，斗城廉韵悠远。墨池沉金的故事，至今还在传扬

……"一曲悠扬《斗城廉韵》，唱出家乡青山绿水，也唱出干部清正廉洁；原创剧目《清风之约》，以音诗画的艺术形式，呈现温州自古以来廉吏辈出、清流不绝的廉洁图景……开街现场，还举行了"却金二贤"雕塑像揭幕仪式，吸引不少过往路人驻足观看。

（资料来源：《我市加强新时代廉洁文化建设，打造"瓯越清风"特色品牌》，《温州日报》2022年10月10日；《温州："一书一街区"廉韵润斗城》，浙江省纪委省监委网站2023年12月7日）

廉洁文化建设是一项综合性工作，离不开党委的统一领导，离不开纪检监察机关和宣传部门、文化部门具体的组织推动，离不开党委和政府相关部门的各司其职、分工合作。对此，要按照《关于加强新时代廉洁文化建设的意见》的要求，"各地区各部门要担负起廉洁文化建设的政治责任，把廉洁文化建设纳入党风廉政建设和反腐败工作布局进行谋划，作出安排部署，研究解决问题。建立廉洁文化建设统筹协调机制，纪检监察机关组织推动，组织部门把廉洁从政教育作为干部教育培训重要内容，宣传文化部门加大宣传阐释力度、统筹廉洁文化精品创作，形成工作合力"。

第二章

社会主义先进文化资源的
开发利用

　　廉洁文化是社会主义先进文化的重要组成部分，社会主义先进文化为廉洁文化建设提供了直接的资源支撑。《关于加强新时代廉洁文化建设的意见》强调，要"用社会主义先进文化培育为政清廉、秉公用权的文化土壤"。新时代新征程，推进廉洁文化建设，必须依托社会主义先进文化，深化社会主义先进文化资源的开发和利用。

一、社会主义先进文化资源的内涵和特征

厘清社会主义先进文化的内涵、外延以及特征,是开发利用的基础和前提。社会主义先进文化、社会主义先进文化资源是较为复杂的概念,指向的事物也复杂多样,内涵和外延其实不那么清晰,需要专门的分析说明。

(一)社会主义先进文化资源的内涵

社会主义先进文化由社会主义和先进文化两个词语组成,社会主义体现文化的制度属性,表明与其他社会制度下的文化有不同的性质;先进文化与落后文化相对,表明其处在文化发展序列的前列,具有鲜明的科学性、进步性,符合人类社会发展的规律和趋势,能够成为经济社会发展的思想指引和精神动力。从时间来看,社会主义先进文化"是指我国社会主义改造完成以来尤其是改革开放以来到现在,广大中国人民在中国共产党领导下,以马克思主义为指导,在社会主义建设和改革开放的伟大实践中孕育创造出的新文化"①。概言之,社会主义先进文化是在社会主义制度下,以马克思主义为指导,以中国特色社会主义文化发展道路为依托,以社会主义文化强国为目标,以"两个结合"为动力,面向现代化、面向世界、面向未来的,民族的科学的大众的文化。

---

① 陈秋明、谭属春:《社会主义先进文化建设的深圳探索与理论研究》,商务印书馆 2018 年版,第 40 页。

毛泽东强调："我们不但要把一个政治上受压迫、经济上受剥削的中国，变为一个政治上自由和经济上繁荣的中国，而且要把一个被旧文化统治因而愚昧落后的中国，变为一个被新文化统治因而文明先进的中国。"① 毛泽东笔下的"新文化"就是社会主义先进文化，它不是凭空产生的，建基于马克思主义这一科学的指导思想，建基于政治、经济、社会等各方面的实践发展，建基于社会主义制度的先进性，建基于中华优秀传统文化的滋养，建基于对人类社会文明成果的汲取，建基于"两个结合"特别是"第二个结合"。

社会主义先进文化建设中所形成的成果，就是社会主义先进文化资源。同其他文化资源一样，社会主义先进文化资源也包括物质文化资源和非物质文化资源。社会主义先进文化中的物质文化资源是中国特色社会主义建设的物质成果，如现代化大都市，社会主义新农村，大飞机、高铁、高速公路、5G 等现代科技成果。社会主义先进文化中的非物质文化资源更加丰富，主要包括：

（1）党的创新理论。党的创新理论包括毛泽东思想、邓小平理论、"三个代表"重要思想、科学发展观、习近平新时代中国特色社会主义思想。这是社会主义先进文化的核心组成部分，也是最具特色、最有价值的部分，不仅是廉洁文化资源开发的核心资源，也指导着廉洁文化资源开发工作。

链　接

▼

习近平总书记关于党的自我革命的重要思想

2024 年 1 月 8 日上午，中国共产党第二十届中央纪律检查委员会

---

① 《毛泽东选集》第 2 卷，人民出版社 1991 年版，第 663 页。

第三次全体会议在北京召开。中共中央总书记、国家主席、中央军委主席习近平发表重要讲话。

习近平总书记强调，我们党作为世界上最大的马克思主义执政党，如何成功跳出治乱兴衰历史周期率、确保党永远不变质不变色不变味？这是摆在全党同志面前的一个战略性问题。党的十八大以来，在推进全面从严治党的伟大实践中，我们不断进行实践探索和理论思考，在毛泽东同志当年给出"让人民来监督政府"的第一个答案基础上，给出了第二个答案，那就是不断推进党的自我革命。习近平总书记指出，在深入推进党的自我革命实践中需要把握好九个问题，即以坚持党中央集中统一领导为根本保证，以引领伟大社会革命为根本目的，以习近平新时代中国特色社会主义思想为根本遵循，以跳出历史周期率为战略目标，以解决大党独有难题为主攻方向，以健全全面从严治党体系为有效途径，以锻造坚强组织、建设过硬队伍为重要着力点，以正风肃纪反腐为重要抓手，以自我监督和人民监督相结合为强大动力。

全会公报强调，党的十八大以来，习近平总书记带领全党以前所未有的决心力度推进全面从严治党，创造性提出一系列具有原创性、标志性的新理念新思想新战略，形成习近平总书记关于党的自我革命的重要思想，指引百年大党开辟了自我革命的新境界。这是我们党坚持"两个结合"推进理论创新取得的新成果，是习近平新时代中国特色社会主义思想的新篇章，标志着我们党对马克思主义政党建设规律、共产党执政规律的认识达到新高度。这一重要思想深刻回答了我们党"为什么要自我革命"的重大问题，指明了确保全党永葆初心、担当使命的根本任务；深刻回答了我们党"为什么能自我革命"的重大问题，坚定了全党用好"第二个答案"、解决大党独有难题的信心决心；深刻回答了我们党"怎样推进自我革命"的重大问题，展现了党永葆生机活力、走好新的赶考之路的光明前景。

（2）社会主义核心价值观。包括三个层次：富强、民主、文明、和谐，是国家层面的价值目标；自由、平等、公正、法治，是社会层面的价值取向；爱国、敬业、诚信、友善，是公民个人层面的价值要求。社会主义核心价值观博大精深、内涵丰富、地位重要，现实指导性强，影响深远。习近平总书记强调："人类社会发展的历史表明，对一个民族、一个国家来说，最持久、最深层的力量是全社会共同认可的核心价值观。核心价值观，承载着一个民族、一个国家的精神追求，体现着一个社会评判是非曲直的价值标准。"① 社会主义核心价值观是廉洁文化建设最为重要的价值资源，也是廉洁文化建设直接和重要的价值指导。

（3）中国共产党人的精神谱系。在中国共产党百年奋斗历程中，形成了以伟大建党精神为源头的中国共产党人的精神谱系，包括井冈山精神、长征精神、遵义会议精神、延安精神、西柏坡精神、抗美援朝精神、大庆精神、"两弹一星"精神、焦裕禄精神、特区精神、抗洪精神、载人航天精神、劳模精神、抗震救灾精神、伟大抗疫精神等。共产党人精神谱系中，一部分具有鲜明的革命文化属性，如井冈山精神、长征精神、遵义会议精神、延安精神等；一部分社会主义先进文化属性更加突出，如大庆精神、"两弹一星"精神、焦裕禄精神、特区精神、载人航天精神、劳模精神等。

（4）积极健康的党内政治文化。"党内政治文化是中国共产党政党文化的核心内容，指党内关于党的政治属性、政治信仰、政治原则和政治方向等关键性政治议题的认知积淀和观念倾向。"② 在长期的革

---

① 《十八大以来重要文献选编》（中），中央文献出版社 2016 年版，第 2 页。

② 柴宝勇、黎田：《政治文化、政党文化与党内政治文化关系辨析》，《马克思主义研究》2020 年第 5 期。

命、建设和改革开放历史进程中，中国共产党形成了自身的党内政治文化，特别是构建了以忠诚老实、公道正派、实事求是、清正廉洁为核心的共产党人价值观，这是党和国家事业发展、党的自身建设的重要保障和动力，也是包括廉洁文化建设在内的党的建设的重要文化资源。"党内政治文化'日用而不觉'"①，对党的建设极其重要。党的十八大以来，以习近平同志为核心的党中央高度重视发挥党内政治文化的引领作用，把筑牢信仰之基、补足精神之"钙"作为首要任务，激浊扬清、扶正祛邪，推动管党治党取得重大成就，党内政治文化建设进一步加强，党风政风社会风气呈现新气象，这些都是新时代新征程廉洁文化建设的重要资源。

（5）制度法规。主要是法律制度、党内法规以及地方探索形成的制度规范等。制度具有文化属性，法律制度、党内法规是社会主义先进文化的重要组成部分，体现了依法治国、依规治党的根本要求，是重要的文化资源。制度法规有积极性的、鼓励性的规定，更多的是禁止性、惩罚性规定，为党员干部思想行为划出了底线和红线，与党风廉政建设密切相关，是重要的廉洁文化建设资源。

（6）党的建设的案例、做法、经验。新民主主义革命时期，毛泽东第一次提出"党的建设伟大工程"重要论断；改革开放以来，党又提出"党的建设新的伟大工程"；党的十八大以来，党开启了全面从严治党、党的自我革命伟大实践。党的建设伟大工程为我们留下了大量的案例，形成了很多行之有效的做法，积累了诸多规律性的经验，这些都是革命文化、社会主义先进文化的重要组成部分，也是新时代新征程上廉洁文化建设的重要资源。

（7）科学精神和现代科学技术。社会主义建立在高度发达的生产

---

① 《习近平著作选读》第 2 卷，人民出版社 2023 年版，第 185 页。

力基础上。科学技术是第一生产力，科学精神和中国共产党领导中国人民取得的科技成果属于社会主义先进文化范畴，也是重要的可资开发利用的文化资源，廉洁文化建设也能够适用。

（二）社会主义先进文化资源的特征

社会主义先进文化资源的开发要围绕其特征、彰显其特征。社会主义先进文化资源具有先进性、科学性、人民性、时代性、开放性、民族性等鲜明特征。

（1）先进性。这是社会主义先进文化的第一位特征，也是社会主义文化资源的基本属性。前文对此已有分析论述，此处不赘。

（2）科学性。毛泽东认为，文化的科学性体现在"反对一切封建思想和迷信思想，主张实事求是，主张客观真理，主张理论和实践一致的"①。社会主义先进文化正是如此。社会主义先进文化资源以马克思主义科学理论为指导，全面反映中国特色社会主义现代化建设的历程和成就，彰显中国特色社会主义建设规律，符合人类社会发展趋势和要求，是科学的文化资源。

（3）人民性。党的二十大报告强调："人民性是马克思主义的本质属性，党的理论是来自人民、为了人民、造福人民的理论，人民的创造性实践是理论创新的不竭源泉。一切脱离人民的理论都是苍白无力的，一切不为人民造福的理论都是没有生命力的。"② 党的创新理论是社会主义先进文化的核心部分，党的创新理论的人民性也是社会主义先进文化人民性的生动写照，相应地，社会主义先进文化资源是来自人民、为了人民、造福人民的文化资源。

---

① 《毛泽东选集》第二卷，人民出版社1991年版，第707页。

② 《习近平著作选读》第1卷，人民出版社2023年版，第16页。

（4）时代性。社会主义先进文化是与时俱进、守正创新的，反映时代呼声、满足时代要求、指出时代发展趋势的文化，这也是社会主义先进文化资源的生命力所在。比如，不断深化依法治国、依规治党，强化监督制约，将权力关进制度的笼子里，就是社会主义先进文化时代性的生动体现。

（5）开放性。开放的文化才有活力，开放的文化才能发展。社会主义先进文化资源具有鲜明的开放性，它不断推进"两个结合"特别是"第二个结合"，从中华优秀传统文化中汲取精华，推动中华传统文化创造性转化、创新性发展；它始终以包容和融合的眼光看待文化交流，坚持海纳百川，努力打破文化交往壁垒，以兼收并蓄的态度汲取人类文明养分。

链　接

广州医药股份有限公司廉洁合规"123"工作模式

合规管理是企业经营管理中保障廉洁、防控风险的基本手段。"123模式"是广州医药股份有限公司在梳理廉洁合规体系过程中，总结多年经验，形成符合企业特色的廉洁合规工作框架，荣获第三届"中国廉洁创新奖"提名奖。该工作模式具体内容为：以"打开1个信息化'新'局面，抓住2个关键'联动点'，坚持3个'廉洁文化'教育传统"，铸就廉洁合规"中西合璧""硬科技+软文化"的工作模式。

一是科技赋能，开创纪检监察信息化管理"新"局面。广州医药纪委联同外方股东的监察、风控团队，共同开发和建立相关廉政监督和教育"2+2平台"（即2个监督平台和2个教育平台），进一步提升廉洁合规的效能效益。

二是巧借外力，与业务"联"动、与外方股东"联"动。开展清收监督，加强廉洁合规与企业业务的有效融合。与外方股东合规部门形成合力，充分借鉴外方先进的现代合规理念，监督前移，构建反贪污反腐败防控体系。

三是文化传承，坚持具有企业特色的党风廉政教育优良传统。连续多年开展"反赌博反职务犯罪专题教育月活动""预防职务犯罪检企共建""好家风主题教育活动"等廉政活动，久久为功，有效营造风清气正的内部生态。

廉洁合规"123"模式，一方面，结合外方股东"沃博联"先进的风控经验，固廉洁合规之本；另一方面，结合中方股东广药集团中医药"治未病"理念，培廉洁合规之元，构建了医药企业特色廉洁文化。

（资料来源：《中西结合，标本兼治——新时代国有控股中外合资企业廉洁合规"123"工作模式》，清华大学纪检监察研究院微信公众号 2022 年 11 月 23 日）

（6）民族性。我国社会主义先进文化扎根中国，以中华优秀传统文化为根脉，反映中国社会发展，服务中国人民精神需求，推动中华文明重焕荣光，这也是社会主义先进文化资源鲜明的民族性所在。常言道，越是民族的，越是世界的。正是社会主义先进文化资源的民族性，当代中国文化才能够屹立于世界文化之林，为创造人类文明新形态作出独特贡献。

二、社会主义先进文化资源开发的意义和原则

社会主义先进文化是我国廉洁文化的母体，社会主义先进文化资

源是廉洁文化建设的基础。深入认识社会主义先进文化资源开发对廉洁文化建设的意义，明确开发原则，才能有效推进社会主义先进文化资源开发，助力廉洁文化建设。

（一）社会主义先进文化资源对廉洁文化建设的意义

社会主义先进文化资源是廉洁文化的母体、载体和直接资源。我国的廉洁文化属于社会主义先进文化范畴，社会主义先进文化是廉洁文化的母体，没有社会主义先进文化这个母体，我国的廉洁文化就无从谈起，廉洁文化建设就是无源之水、无本之木。正如有学者所言："缺乏廉洁理念的文化不是先进的文化，排斥廉洁精神的文化是腐朽没落的文化。"[①] 廉洁文化对先进文化的从属性和两者高度的契合性，为社会主义先进文化指引廉洁文化建设提供了前提和基础。比如，习近平总书记提出和倡导的"三严三实"（严以修身、严以用权、严以律己，谋事要实、创业要实、做人要实）是中国共产党的政治文化，是社会主义先进文化的重要组成部分，也是廉洁文化的重要内容。

社会主义先进文化资源滋养廉洁文化。《关于加强新时代廉洁文化建设的意见》强调，要用社会主义先进文化培育为政清廉、秉公用权的文化土壤。之所以作出这一论断和规定，主要在于作为母体的社会主义先进文化资源具有滋养廉洁文化建设的重要作用。比如，社会主义核心价值观是社会主义先进文化资源的核心内容之一，习近平总书记强调："核心价值观，其实就是一种德，既是个人的德，也是一种大德，就是国家的德、社会的德。国无德不兴，人无德不立。"[②]"廉洁"是一种政治大德、社会公德、个人美德，蕴含于社会主义核

---

① 张国臣等：《社会主义廉洁文化建设论》，人民出版社 2011 年版，第 94 页。

② 《习近平著作选读》第 1 卷，人民出版社 2023 年版，第 238—239 页。

心价值观中，有社会主义核心价值观的引领和滋养，才能培育和形成廉荣贪耻、向上向善的社会氛围，廉洁文化建设才能方向正确、行稳致远。

社会主义先进文化资源开发用于廉洁文化建设针对性强、成本低。廉洁文化是社会主义先进文化的组成部分，社会主义先进文化与廉洁文化是血脉相连，社会主义先进文化中有专门针对当前作风问题、腐败问题成因、解决的内容，有专门针对新时代新征程上廉洁文化建设的内容，对廉洁文化建设具有很强的针对性、实效性。比如，习近平法治思想、习近平总书记关于党的自我革命的重要思想、关于一体推进不敢腐、不能腐、不想腐的重要论述等，相当内容都直接针对作风建设、反腐败斗争和廉洁政治建设，是廉洁文化建设最直接、最权威的理论依据和思想资源，将其转化为廉洁文化建设教材、纪录片等，无疑是极具针对性的。同时，党的十八大以来，社会主义先进文化资源有关廉洁文化的制度多、实践多、案例多，可供开发利用的资源丰富，很多都是身边事、身边人，开发利用难度不大，成本较低。

链　接
▼

以特区精神促廉洁，打造从严治党和廉洁治理高地

2018 年 4 月，习近平总书记在改革开放 40 周年之际提出，要"发扬敢闯敢试、敢为人先、埋头苦干的特区精神"。特区精神孕育于改革开放的时代大潮之中，为立党兴党强党提供了丰厚滋养，为深圳改革开放事业和全面从严治党注入了澎湃动力。

经济特区 40 余年来的发展历程，既是一部气壮山河、翻天覆地的改革开放奋斗史，也是一部传承伟大建党精神、不断激扬特区精神的

精神锻造史。特区精神是伟大建党精神在经济特区热土上结出的重要成果，为从严管党治党作出了探索、注入了动力，又在全面从严治党过程中得到锤炼和升华。

早在改革开放之初，邓小平就强调要"一手抓改革开放，一手抓惩治腐败""整个改革开放过程中都要反腐败"。深圳经济特区成立40多年来，始终认真落实党中央部署要求，坚持以反腐推动改革、以改革促进反腐，形成了改革开放的强大动力与合力。一方面持之以恒正风肃纪反腐，坚决查处各类腐败和不正之风问题，为改革正本清源、清淤除障、凝聚力量；另一方面大力弘扬特区精神，不断推进廉洁制度机制创新取得新突破、新进展。早在20世纪八九十年代，深圳就率先探索土地等有形要素市场招拍挂、行政审批制度改革，有效压缩了权力寻租的空间。进入新世纪，深圳率先探索构建反腐保廉预防体系，出台加强党政正职监督规定，推进"廉洁城市"建设，为中国特色反腐倡廉之路作出了探索。

党的十八大以来，深圳进一步拓展廉洁制度创新领域和方式，在非公领域和社会组织腐败预防、反贿赂管理体系地方标准建设、信息化智能化监督应用等方面率先探索、实现突破。坚定贯彻"三个区分开来"原则，敢试错、真容错、善纠错，为改革者负责、为担当者担当。这些以特区精神推动和形成的廉洁建设成果，为全面从严治党作出了先行探索、贡献了智慧力量。

深圳经济特区的发展实践和党的建设实践特别是特区精神，意义重大、特色鲜明，是新时代新征程廉洁文化建设可资开发的重要资源。

（资料来源：刘连生：《坚持以特区精神推动全面从严治党向纵深发展》，《中国纪检监察》2021年第23期）

（二）社会主义先进文化资源开发的原则

社会主义先进文化资源的开发以及其中包含的廉洁文化元素的开发，有其原则要求。

（1）坚持文化自信、文化自觉。这是社会主义先进文化资源开发的前提和基础。习近平总书记强调，"增强文化自觉和文化自信，是坚定道路自信、理论自信、制度自信的题中应有之义"，"文化自信是更基本、更深沉、更持久的力量"。① 对社会主义先进文化资源没有自信，不相信社会主义文化的先进性、科学性，开发利用就不可能做好。社会主义先进文化资源的开发利用还需要高度的文化自觉，没有文化自觉，对社会主义先进文化的认识处在自发状态，社会主义先进文化资源的开发只能是基本的、浅层次的利用，难以提升高度、拓展深度。

（2）坚持聚焦目标、彰显特色。开发利用社会主义先进文化资源，要围绕和聚焦其蕴含的廉洁价值，聚焦廉洁教育，因为，社会主义先进文化内容丰富，廉洁元素只是其中之一，与廉洁相关的内容只占其中一小部分，必须聚焦目标，突出针对性、实效性，以较少的成本获取较高的收益。同时，要突出社会主义先进文化与廉洁文化的血脉关系，彰显社会主义先进文化对廉洁文化独特的涵养功能，展现社会主义先进文化在廉洁文化建设的独特价值。

（3）坚持对照展示、正面为主。先进的对立面是落后，廉洁的对立面是腐败，对照展示才能更好彰显社会主义先进文化在廉洁建设中的意义和价值。因此，社会主义先进文化中蕴含的廉洁元素的开发，要对照腐败亚文化，彰显廉洁的意义和价值。比如，党内政治文化资

---

① 《习近平关于社会主义文化建设论述摘编》，中央文献出版社 2017 年版，第 9、12 页。

源的开发利用，要对照党内存在的形式主义、官僚主义、自由主义、好人主义、山头主义、码头主义、家长制作风等编写案例，形成具有针对性和感染力文化作品。但需要注意的是，受众是复杂的，对照展示要注意方法和尺度，始终坚持正面引导为主，向受众传递正确的信息和价值观，不能过分渲染消极腐败的东西，更不能有意无意地散布腐败亚文化。

（4）坚持实事求是、不虚不伪。社会主义先进文化资源中廉洁元素的开发，不仅要有理论的解读与通俗化的论著，也要有生动的、具象化的人物经历和事件进程的再现。相当多的人物经历和事件为小说、影视创作等提供资源，讲述廉洁故事。艰苦奋斗、廉洁奉公的故事具有很强的道德感召力和社会吸引力，能够产生很好的经济效益和社会效益，但把握不当，也会产生社会争议，引发舆情，甚至带来反效果。社会主义先进文化及蕴含的廉洁元素的开发，如果是理论研究，必须坚持实事求是、客观公允；如果是艺术创作，在艺术加工中要尽量做到客观，不虚伪、不矫饰，不过度美化、不故意丑化。

链　接
▼

电影《我本是高山》引发争议

张桂梅扎根贫困山区，把自己的全部身心投入教育扶贫事业，创建了全国第一所全免费女子高中——云南省丽江市华坪女子高级中学。为了让学生不辍学，张桂梅家访累计行程十多万公里，路上两次摔断肋骨，帮助2000多名山区女孩圆了大学梦。张桂梅获得了"七一勋章""时代楷模""全国优秀共产党员""全国脱贫攻坚楷模""全国道德模范"等荣誉称号。《我本是高山》是根据张桂梅真实事迹改编的传记电影，于2023年11月上映。影片在获得好评的同时，也引发了一些争议，甚至多次登上热搜。

有观众对剧情设定提出了不满，直指电影"在强烈的女性主场的光辉形象中反转性别，还将张校长的大爱划归为情爱"，并举例表示：电影把原型酗酒男改成了酗酒女，把支撑张校长的信仰变成了随时随地闪回的过世丈夫；剧里两个对照组，爱女儿的父亲 VS 酗酒家暴的母亲，留下来支教的男朋友 VS 吃不了苦回城市嫁人的女朋友；电影里面"山区女生"不上学的原因是"逃课去网吧还有逛街买衣服"。也有网友批评，电影为了丰富张桂梅校长的形象，一再强调其亡夫的精神陪伴，一方面想塑造女性人物形象，一方面又将本属于女性的高光时刻移交给男性，这是否是隐晦的性别歧视和单调的刻板认知？

《我本是高山》编剧袁媛通过网络社交媒体回应了酗酒父亲改成酗酒母亲的争议，"目前它遭遇的舆情，就像电影里阻挡女孩子上学的势力一样，他们不想让更多女孩看到，他们害怕了，所以就滚成一团的黑过来。但无论他们如何恐吓，这样的电影依旧会被拍摄，被放映。"

红星新闻评论认为：来自网络的质疑声音，并非奔着张桂梅而去，而是针对创作方向与方法，提出了不同意见。这样的意见，会不会对张桂梅本人造成误伤不得而知。多年以来，"关心张桂梅，呵护她的事业"已经成为网友们的共同愿望，如果因为一部电影的争议，而增加她的不安，这显然是大家不愿意看到的。对目前围绕《我本是高山》所衍生出来的一些话题，不妨淡然一些看待。如果想要参与其中，可以尽量淡化激烈情绪，用更全面的眼光，去审视大环境下一部作品与各方所产生的触碰。也希望前期有着过于情绪化表达的争论方，都可以冷静下来，给作品、观众、市场再多一点时间。

（5）坚持开放包容、交流互鉴。社会主义先进文化是开放的、包容的、发展的，注重与不同文化进行交流互鉴，努力吸收人类社会文明成果，这是其特色所在，也是其优点所在。社会主义先进文化资源开发也要体现开放包容，倡导交流互鉴，不能画地为牢，搞自我封闭。就社会主义先进文化中廉洁元素的开发而言，要学习借鉴人类社会关于廉洁文化建设、反腐败斗争的普遍性理论，学习借鉴文化开发、艺术创作的普遍性规律和要求，正视和弥补自身的不足。

（6）坚持创新创意、多元开发。创新是文化的生命力所在，创意是文化的本质特征。社会主义先进文化资源的开发应当坚持创新，丰富创意，不仅艺术创作如此，理论研究、思想宣传、场馆建设也是如此，将文化具象化、通俗化、生动化，让其中蕴含的廉洁价值、廉洁元素飞入千万百姓家。创新创意意味着社会主义先进文化的开发不能单一，而要多元多样多彩，即开发主体要多元，开发模式要多样，开发成果要多彩，从多个维度、多个层面推进社会主义先进文化中廉洁元素的诠释、转化、呈现。

三、社会主义先进文化资源开发的途径和产品

社会主义先进文化资源中廉洁要素的开发范围广、价值大，既有普遍性的开发途径和大众化的文化产品，也有自身特色的开发途径和文化产品，下面择其要者简要分析。

（一）党的创新理论开发的途径和产品

党的创新理论是社会主义先进文化的集中体现，是最为重要的社会主义先进文化资源，其开发途径和产品主要如下：

（1）理论著作。党的创新理论是马克思主义理论体系范畴，对党的创新理论进行解读和阐释，是学术界的重要任务，也是党的创新理

论开发的重要途径。理论解读所形成的学术论著是党的创新理论开发的重要产品，其特点主要是：开发者主要是从事理论研究的专家学者和从事党的理论宣传的领导干部，对开发者群体的要求高，开发者群体规模小；产品是高端的理论著作，意义和价值重大，但产出周期长，开发难度大；阅读对象主要是知识分子、党员干部和高校学生等举足轻重的社会人群，受众比较有限，但影响不可小觑。

链　接

《新时代全面从严治党的理论创新》

党的十八大以来，以习近平同志为核心的党中央提出了全面从严治党战略，成为"四个全面"战略布局重要组成部分。全面从严治党战略对于推进新时代党的建设新的伟大工程、实现党的自我净化、实现"两个一百年"奋斗目标具有重要意义。教育部"长江学者"特聘教授、华南师范大学马克思主义学院陈金龙团队所著的《新时代全面从严治党的理论创新》一书，2021年6月由中山大学出版社出版，入选中共广东省委宣传部2021年主题出版重点出版物项目，并入选全国党员干部培训教材。

《新时代全面从严治党的理论创新》一书，对新时代全面从严治党理论创新的渊源、时代背景、主要内容、主要特点、理论贡献进行了总体概括，在此基础上，从把党的政治建设摆在首位、坚定党员干部的理想信念、坚决维护党中央权威、严明党的纪律和规矩、建设高素质专业化干部队伍、作风建设永远在路上、以零容忍态度惩治腐败、加强党内监督、落实全面从严治党主体责任等9个方面入手，具体阐释新时代全面从严治党的理论创新。

（2）教材和课件。这是党的创新理论开发的独特路径，政治性强，开发要求高、难度大，往往由专门机构主持，专家学者群体参与。受众主要是学校教师、在校学生、各级党校（行政学院）学习培训的党员和干部，产品质量要求高。代表性的有大中小学思政课教材和课件、马克思主义理论研究与建设工程出品的高校教材等。

（3）通俗读物。党的创新理论开发除了"高端""小众"的理论著作和教材、课件，也要有适应普罗大众需要的通俗读物。近年来，对党的创新理论大众化的阐释工作不断深入，不仅出版机构积极策划出版党的创新理论的通俗读物，互联网新媒体也利用自身优势，推出接地气的党的创新理论解读作品，让党的创新理论"飞入寻常百姓家"。国家出版基金、国家社科基金以及一些地方出版基金都推出了学术通俗读物出版资助，党的创新理论通俗读物是其中重要的资助对象。

（4）宣传品。主要在电视、互联网新媒体、广告栏、建筑物墙面等出现，既有朗朗上口的宣传标语、宣传口号，也有短小精悍的动画、短视频等，典型的有社会主义核心价值观的宣传标语、动画和短视频。宣传片是社会主义先进文化重要的开发形式，特点是成本低、接地气，群众喜闻乐见，社会效果好。

（5）影视作品。主要有商业化的电影、电视剧，强调社会效益的纪录片等。社会主义先进文化是我国文艺作品的主旋律，影视作品要体现社会主义先进文化的内容和要求，是社会主义先进文化的载体。纪录片方面，除了对党的创新理论制作纪录片，正风肃纪、反腐败斗争的纪录片最引人瞩目，一经推出，往往能够引起社会关注，产生很大的社会反响。比如，中央纪委国家监委宣传部与中央广播电视总台联合摄制的年度反腐大片《持续发力　纵深推进》一共四集，于2024年1月6日至9日在央视综合频道晚8点档播出，选取了纪检监察机关查处的 12 个典型案例，涉及国企、金融、粮食购销、体育等多个重点领域，深刻展现了新时代新征程反腐败斗争持续发力、纵深推进的生动实践。原应急管理部消防救援局党委委员、副局长张福生，吉林省政协原副主席张晓霈，辽宁省政协原副主席李文喜等"老虎"出镜忏悔。深度曝光和剖析负面典型案例只是手段，目的是警示广大党员干部，一体推进不敢腐、不能腐、不想腐，让崇廉尚廉、干净干事成为习惯。

（二）先进人物、先进事迹开发的途径和产品

先进人物、先进事迹是社会主义先进文化的重要体现，具有具象性、故事性、生动性，可开发性很强，是不可多得的廉洁文化资源。先进人物、先进事迹开发途径较多，开发难度相对较小，收益相对较高，开发动力相对也更足。

（1）纪实作品。主要有人物传记、报告文学、回忆录等开发途径和产品。人物传记是对先进人物生平的记述，强调对传主生平记述的准确性和生动性，很多是第一手资料，有很高的历史价值。比如，蛇口工业区创始人袁庚的传记《袁庚传：改革现场（1978—1984）》（作家出版社 2008 年版，海天出版社 2016 年版），不仅对袁庚生平作了详细记述，也对蛇口工业区的发展历程作了详细记载。报告文学既可以记述人物，也可以记述历史事件，是一种被广为接受的纪实文学作品形式，社会主义建设先进人物、先进事迹是报告文学的重要题材。回忆录是作者对自身生平和经历的文字回忆，是重要的历史资料。出版单位会约请社会主义现代化建设中涌现的先进人物，采用回忆录形式记述自身的生平事迹用于出版，这也是一种社会主义先进文化资源的开发途径和产品形成方式。

（2）影视作品。主要有电影、电视剧、纪录片等。如中国老百姓

耳熟能详的干部楷模焦裕禄，生平事迹不仅有电视台拍摄的纪录片，也被拍成电影和电视剧。中央电视台有"时代楷模发布厅"，专门拍摄和记录社会主义先进人物，清正廉洁、艰苦奋斗是时代楷模的"标配"。先进人物的先进事迹具有很强的故事性、感染力和传播力，影视作品是很好的开发和表达方式，不仅具有很大的社会价值，也会带来很好的经济效益。

社会主义建设先进人物生平事迹影视作品（部分）

先进人物	电影（上映年份）	电视剧（上映年份）
焦裕禄	《焦裕禄》（1990）	《焦裕禄》（2012）
孔繁森	《孔繁森》（1996） 《回西藏》（2022）	《孔繁森》（1995）
任长霞	《任长霞》（2005）	《任长霞》（2005）
白方礼	《白方礼》（2008）	《心愿》（1994）
邓稼先	《邓稼先》（2009）	《理想照耀中国》（2021）
袁隆平	《袁隆平》（2009）	《功勋》（2021）
王进喜	《铁人王进喜》（2011）	《铁人》（1990）
黄大发	《天渠》（2018）	《高山清渠》（2022）
谷文昌	《谷文昌的故事》（2022）	《谷文昌》（2020）
张桂梅	《我本是高山》（2023）	《大山里的女校》（2023）

（3）纪念馆、展览馆等纪念性建筑。社会主义现代化建设中涌现出不少模范人物，其先进事迹可以用感天动地来形容。在中国文化传统中，纪念名人最为厚重的方式是"生祠"，也就是修建实体的纪念场所进行祭拜和纪念。现代社会当然不能修建所谓"生祠"，但可以采用现代的纪念馆、展览馆等形式。纪念馆、展览馆是对社会主义先进人物最为隆重的纪念方式，也是社会主义先进文化一种重要的开发

途径，以纪念馆、展览馆来缅怀的人物，其事迹往往都具有廉洁教育
的价值。

链　接

"先祭谷公，后拜祖宗"：谷文昌的生前事与身后名

谷文昌，河南省林县（今林州市）人，1943 年加入中国共产党，1949 年 8 月随部队南下福建，在海岛东山县工作了 14 年，历任县长、县委书记。在这座孤零零的海岛上，他写下了一段永不褪色的红色传奇。

新中国成立之初，东山岛森林覆盖率仅 0.12%，一年四季有 150 多天刮着 6 级以上大风。千百年间，风沙不断吞没家园，天花、眼病泛滥，许多人外出当苦力、当乞丐。旧社会的"三座大山"虽然被推翻了，但东山人头上还横亘着风、沙、旱"三座大山"。看着困苦不堪的乡亲们，谷文昌胸中似有惊雷："不把人民拯救出苦难，共产党来干什么！"他指天发誓："不治服风沙，就让风沙把我埋掉。"在屡败屡战中，他终于带领全县干部群众把荒岛变成了东海绿洲，把肆虐千年的风沙抵御在海岛之外。继被评为全国农业生产先进县后，1963 年在二届全国人大四次会议上，东山县被称为"改造自然的一个范例"。

谷文昌有惊人的政治担当，也有惊人的廉洁作为。1964 年调任福建省林业厅副厅长时，他从东山带到福州的全部家当只有两只皮箱、两只木箱、两瓮咸菜和几麻袋杂物。他严以律己，常说："当领导的要先把自己的手洗净，把自己的腰杆挺直！"

1981 年 1 月 30 日，谷文昌积劳成疾，在龙溪地区（今漳州市）副专员任上病逝。临终前，他留下遗言："我要和东山人民、东山的

树永远在一起。"

1987 年 7 月 15 日，谷文昌的骨灰从漳州运回东山，与这片他生前无限牵挂的大地融为一体。在谷文昌的骨灰安葬那天，百姓们闻风纷纷赶来，墓地周边人山人海。蓝天白云下，茫茫林海中，"谷文昌同志万古长青"之碑徐徐竖起。附近群众提着贡品，烧香祭拜，哭声震天。

从 1987 年谷文昌的骨灰被迁到东山后，"先祭谷公，后拜祖宗"就在这里相沿成习。

1990 年清明节，赤山林场观林楼被开辟成"谷文昌先进事迹陈列室"，首次以诸多历史照片、遗物和史料向世人展示谷文昌感人肺腑的一生。1990 年底，谷文昌半身雕像揭幕仪式在赤山林场隆重举行，全县党政机关干部、学校师生和各界人士上万人参加。山口村全村老幼全体出席，来到雕像前表达思念："谷书记，您生前种树，死后还回东山为我们看护树林。"

原先，谷文昌的墓地很小，仅有一条羊肠小道上下来回。随着来祭拜和凭吊的社会各界人士越来越多，拥挤日甚一日。1999 年东山干部群众又捐资 120 万元，在赤山林场兴建了占地面积 100 亩的谷文昌陵园，把山头削平成石阶，重新塑像，并把"谷文昌先进事迹陈列室"更名为"谷文昌事迹展览馆"。

2003 年，中宣部将谷文昌作为全国重大先进典型推出，中央主要新闻媒体集中宣传他的先进事迹，谷文昌成为与焦裕禄并肩的县委书记楷模。经中央办公厅批准，2004 年 2 月，谷文昌纪念馆扩建项目顺利上马，成为当地爱国主义教育的重要基地。

谷文昌成为和焦裕禄并肩的县委书记楷模，离不开习近平总书记的关怀和支持。在 2015 年 4 月《人民日报》刊登的介绍谷文昌事迹的《人生一粒种　漫山木麻黄》一文中这样写道："从福建到浙江到中南海，习近平总书记多次提过谷文昌，还在一篇题为《'潜绩'与'显绩'》的文章中，称赞他'在老百姓心中树起了一座不朽的丰碑'。今年1月，与全国200多位县委书记座谈，在叮嘱大家要做心中有党、心中有民、心中有责、心中有戒的'四有'干部时，总书记又一次深情谈起谷文昌。"对于东山老百姓逢年过节"先祭谷公，后拜祖宗"的风俗，总书记也是赞誉有加。

（资料来源：钟兆云：《"先祭谷公，后拜祖宗"：谷文昌的生前事与身后名》，《党史纵览》2021年第11期）

（三）综合开发的途径与产品

社会主义先进文化资源的开发，很多是多种途径的综合开发，可以形成内容丰富的系列产品，满足受众多方面的需求，最大限度发挥文化资源的功能和作用。代表性的是社会主义先进文化资源与文化产业结合，综合利用政府力量和市场力量，形成文旅、文创等多样化的产品，实现社会效益与经济效益的有机结合。

近年来，文化资源与文化产业结合形成红火的文化旅游产业，这是文化资源综合开发的典型形态，社会主义先进文化资源、革命文化资源、中华优秀传统文化资源得到整合利用，社会主义先进文化资源在其中扮演着重要角色，发挥着引领作用。各地竞相开发自身文化旅游资源的同时，地区之间协调互动、跨区域整合也是重要趋势，比如，京津冀形成了文旅协同发展的态势，打造1亿人"说走就走"的旅游圈。作为文化旅游升级版的研学旅行，已经成为文化旅游新时尚。研学旅行是一个探索历史文化魅力的过程，不仅可以满足人们踏足远行的需要，更能够开拓视野、积累知识，成为越来越多年轻人的新宠。将社会主义先进文化资源植入研学旅行中开发利用，能够以润物无声的方式发挥其教育、引领作用。中国旅游研究院发布的研学旅行数据显示，参加的学生人数持续上涨，2019 年为 480 万人次，2021 年达 494 万人次，2022 年突破 600 万人次。

链　接

"廉行黄埔"掀起清廉路线研学热

"暑假带孩子来黄埔走一趟廉洁文化研学路线，就是想教育孩子，从小做起，老老实实做人、干干净净做事。"近日，黄埔军校旧址纪念馆、大吉沙隆平国际现代农业水稻公园、清梅园等廉洁文化研学点成为打卡热门，党员干部和市民群众通过现场研学，感悟红色革命文化和优秀传统文化，体验黄埔清廉底蕴。

广州市黄埔区辖内有黄埔军校旧址、南海神庙、广州经济技术开发区，具有丰富的革命文化资源、社会主义先进文化资源和中华优秀传统文化资源。黄埔区纪委监委充分发挥资源优势，深入挖掘各种文化资源的清廉元素，打造了以红色文化、亲清政商、清风生态、清廉家风、廉耕文化、廉洁护航乡村振兴为主题的 6 条廉洁文化研学路线，邀请广大党员干部和群众体验清廉文化，涵养清廉品格。

"红色文化"研学路线带领党员干部走进黄埔军校旧址纪念馆、辛亥革命纪念馆、东纵精神传承广场等红色革命教育阵地，校准初心使命，坚定理想信念，始终保持"赶考"清醒，锤炼不畏强敌、不惧风险、敢于斗争、勇于胜利的风骨品质。

"廉耕文化"研学路线带领党员干部走进大吉沙隆平国际现代农业水稻公园，感受袁隆平院士清廉自守、克己奉公的高尚品格；在长岭现代农业公园南泥湾实践基地弘扬新时代南泥湾精神，铭记自力更生、艰苦奋斗的革命精神。

　　"亲清政商"研学路线带领党员干部感受老一辈开发区人"杀出一条血路"的昂扬斗志以及筚路蓝缕艰苦创业的奋斗精神，感受清爽用权、倾心服务的营商环境氛围，持续擦亮"黄埔Smile"营商品牌。

　　"清风生态"研学路线带领党员干部走进清梅园、清风茶园，感受萝岗香雪等自然景观与廉政文化相得益彰的文化氛围，做到"人在景中走，廉从心中生"。

　　"清廉家风"研学路线带领党员干部从横沙书香街、玉嵒书院、钟氏大宗祠建筑群，到"幸福之源"党风家风馆，深刻认识家庭助廉、家风倡廉的重要性，自觉把人生理想、家庭幸福融入国家富强、民族复兴的伟业中。

　　"廉洁护航乡村振兴"研学路线将"清廉文化"建设与乡村振兴工作相结合，把清廉文化阵地建到群众"家门口"，为干部群众"沉浸式"感受廉洁文化持续提供载体保障。

　　（资料来源：《"廉行黄埔"掀起清廉路线研学热——广州市黄埔区打造6条廉洁文化研学路线》，南方网2022年8月27日）

第三章

革命文化资源的开发利用

革命文化是五四运动以来，中国共产党在长期的、艰苦卓绝的新民主主义革命和社会主义革命斗争中形成的独特文化形态，是中国共产党人的世界观、政治观、革命观、价值观与群众观在观念文化中的凝聚。革命文化资源的内核是中国共产党的红色基因，蕴含丰富的廉洁元素。廉洁文化资源的开发离不开革命文化资源，《关于加强新时代廉洁文化建设的意见》强调："注重发掘总结党反对腐败、建设廉洁政治的历史和经验，提炼革命文化蕴含的廉洁理念，运用好革命博物馆、纪念馆、党史馆等红色资源，开办红色廉洁文化专题展览，在红色教育中传承党的廉洁基因。深入挖掘宣传革命先辈的廉洁事迹和崇高品格，学习和传承廉洁风范，激励党员、干部廉以律己、无私奉献。"

一、革命文化资源的特征

革命文化资源是中国共产党为主要创立者所创造的意识形态内涵鲜明、内容丰富、价值独特的文化资源。革命文化资源包括革命物质文化和革命精神文化（非物质文化）两个方面。革命物质文化主要是与中国共产党革命斗争历程相关的旧物及遗物、旧址及遗址等革命历史遗存、纪念场所；革命精神文化指中国共产党在革命斗争历程中形成的革命思想、以伟大建党精神为统领的中国共产党人的精神谱系（如井冈山精神、长征精神、延安精神、西柏坡精神等），革命先辈的革命事迹和人格风范，革命歌曲与音视频，以及刊载党的革命理论、革命斗争历程等的革命报刊，等等。

（一）革命文化资源的一般特征

总体来看，革命文化资源具有四个一般性的特征：

（1）分布广泛。中国共产党领导的新民主主义革命几乎覆盖全国所有地区，留下了大量的革命旧址和遗存。新中国成立后，各地兴建了大量的纪念设施，革命物质文化分布广泛。需要指出的是，文化资源分布具有集聚特征，革命物质文化空间分布不平衡的情况比较明显，革命老区和有较多革命活动的城市革命文化资源丰富集中；对革命文化资源开发较好的地方，革命文化资源在不断累积和丰富。

（2）意义独特。革命文化资源不仅具有重要的宣传动员、艺术欣赏（如革命歌曲）等功能和作用，而且具有育魂铸人的独特价值。毛泽东指出："革命文化，对于人民大众，是革命的有力武器。革命文化，在革命前，是革命的思想准备；在革命中，是革命总战线中的一条必要和重要的战线。"① 习近平总书记强调："对我们共产党人来说，中国革命历史是最好的营养剂。多重温我们党领导人民进行革命的伟大历史，心中就会增加很多正能量。"②

（3）政治性强。中国共产党是革命文化资源的主要创造者，革命文化资源与中国共产党的革命历程直接相关，关系中国共产党革命历程中历史人物、历史事件、重要会议的评价，甚至关系中国共产党革命和执政的合法性、正当性，是一种独特的政治文化、历史文化，具有强烈的政治属性。因此，革命文化资源的认定、评估、开发都有严格的要求，远比一般的文化资源开发要求高。

（4）开发基础好。中国共产党历来重视革命文化资源的保护，革命遗物、遗址等革命遗存得到良好保护，纪念场所不断兴建，革命历史文献整理不断推进，中共党史、中国革命史研究不断深化，中国共产党人精神谱系的提炼概括越来越丰富和成熟，这些都为革命文化资源开发提供了良好的基础和条件。

链　接
▼
中国共产党人精神谱系蕴含的廉洁价值

中国共产党在长期的奋斗中，形成了伟大建党精神、苏区精神、长征精神、延安精神、西柏坡精神、红岩精神、抗美援朝精神、"两弹一星"精神、特区精神、抗洪精神、抗震救灾精神等伟大精神，构筑起了中国共产党人的精神谱系，蕴含着深刻的廉洁价值，是新时代

---

① 《毛泽东选集》第2卷，人民出版社1991年版，第708页。
② 《习近平总书记在河北、兰考两地调研指导党的群众路线教育实践活动报道集》，人民出版社2014年版，第3页。

开展廉洁文化建设的宝贵资源。

伟大建党精神是中国共产党的精神之源，其内涵是：坚持真理、坚守理想，践行初心、担当使命，不怕牺牲、英勇斗争，对党忠诚、不负人民。伟大建党精神是中国共产党人精神谱系的开篇，其中，"践行初心、担当使命""对党忠诚、不负人民"是中国共产党人廉洁品质的根本体现和要求。

苏区精神的内涵是：坚定信念、求真务实、一心为民、清正廉洁、艰苦奋斗、争创一流、无私奉献。"一心为民、清正廉洁"直接表达和彰显了中国共产党人的廉洁品质和要求。

延安精神的内涵是：坚定正确的政治方向，解放思想、实事求是的思想路线，全心全意为人民服务的根本宗旨，自力更生、艰苦奋斗的创业精神。"全心全意为人民服务的根本宗旨"是中国共产党廉洁品质的目标指向和重要要求。

西柏坡精神的内涵是："两个务必"的创业精神、"两个敢于"的进取精神、"两个坚持"的民主精神、"两个善于"的科学精神。其中，"两个务必"是中国共产党廉洁品质的根本内容和要求。

（二）革命文化资源的独特特征

从廉洁文化的角度审视革命文化资源，可以发现，其中有三个值得注意的特质和价值。

（1）廉洁是底色。作为马克思主义政党，中国共产党始终保持先进性和纯洁性，只有人民的利益，没有自己的特殊利益，这意味着廉洁属性是中国共产党的基本属性。廉洁是中国共产党创造的革命文化的底色，革命文化资源中的廉洁元素极为丰富。

（2）营养价值特别大。中国共产党艰苦卓绝的革命历史所形成的革命文化资源，富含多种养分，营养价值丰富。一个个壮怀激烈的革命先烈故事、一个个无声诉说的革命遗物，无不蕴含廉洁教育的价值，具有启智润心、道德养成、党性锤炼等独特作用。

（3）警示意义特别深刻。中国共产党的革命奋斗是艰辛伟大光荣的，涌现出了千百万抛头颅洒热血的革命先烈，革命历程的鲜明特征是苦难辉煌。不过，在革命、建设和改革开放的历程中，也有不少消极腐败现象，出现了不少腐败案例，对党和国家事业造成严重损害，相关责任人受到严惩，留下了深刻教训，对后来者具有深刻的警示作用。

链　接
▼

刘青山、张子善：共和国"反腐第一案"

1952年2月10日，农历正月十五元宵节。当天上午，河北省保定市体育场人山人海，两万多名干部群众神色肃然，等待着刘青山、张子善贪污案公审大会的召开。中午12时，公审大会正式开始。河北省委通过广播现场直播公审大会，全国几百万干部群众同步收听了审判。

河北省委组织部部长薛迅代表刘青山、张子善案件调查处理委员会，控告了刘青山、张子善的罪行，宝坻县农民孙树林代表灾民进行控诉。当天下午1时30分，河北省人民法院院长宋志毅宣读审判书。随后，刘青山、张子善被押赴保定市东关大校场执行枪决。

1951年11月，在增加生产、厉行节约运动中，有人揭发时任石家庄市委副书记刘青山、原天津地委书记张子善两个高级领导干部有巨大的贪污行为。河北省委派出检察组到天津地委立案调查，很快掌握了刘青山、张子善违法乱纪和生活腐化堕落的证据。

刘青山，河北省安国县（今安国市）南章村人，出身贫苦，幼年当长工。1931年6月加入中国共产党，曾参加高（阳）蠡（县）农民起义，历任冀中区任河县委书记、八地委组织部部长、地委书记、天津地委书记；1951 年 8 月，出任石家庄市委第一副书记。

张子善，河北省深县（今深州市）尚村人，学生出身，自幼家境贫寒。1933 年 10 月加入中国共产党，第二年因叛徒出卖被国民党反动政府逮捕入狱，受到严刑拷打，他一直没有动摇和屈服。先后担任献县县委书记、八地委组织部部长、十地委书记。1949 年 8 月，先后出任天津地委副书记兼专署专员、中共天津地委书记。

在和平的环境里，刘青山和张子善经不起腐朽思想和生活方式的侵蚀，逐渐腐化堕落。1951 年 12 月 4 日，河北省委在《关于开除刘青山、张子善党籍的决议》中披露："刘青山有几句口头禅：'天下是老子打下来的，享受一点还不应当吗？''革命胜利啦，老子该享受享受啦！'"张子善的挥霍铺张程度一点也不比刘青山差，他每个月要抽八九条高档香烟，出行非轿车不坐，两年里换了 5 辆小车。

在刘青山和张子善的影响和拉拢下，天津地区党组织的党风被严重败坏。不少党员干部中弥漫着比阔气、比享受、比生活的不良风气，贪污、腐败、挥霍等现象非常严重。天津地区 14 个县镇中，有 10 个县镇的主要领导干部受到了处分。

两声枪响如惊雷，宣示中国共产党对贪污腐败绝不容忍、毫不姑息，表明了中国共产党保持党性、维护纯洁的决心，掀起了共和国历史上第一场反腐肃贪风暴。

刘青山、张子善被枪决两个多月后，1952 年 4 月 18 日，中央人民政府委员会第十四次会议批准了《中华人民共和国惩治贪污条例》。这是共和国第一部专门惩治贪污腐败的法律条例，规定对贪污情节特别严重者可判处死刑。

（资料来源：《如何处理共和国"反腐第一案"两名案犯？毛泽东说了两个字》，封面新闻 2021 年 3 月 22 日）

二、革命文化资源廉洁元素开发的原则要求

革命文化资源中廉洁元素的开发，需要相关原则要求的指引和规约，以确保资源开发行稳致远。

（一）坚持实事求是

革命文化资源反映中国共产党苦难辉煌的革命和建设过程，内涵丰富，但具体的革命文化资源反映的内容及价值指向有所不同，要根据具体情况，准确判定其是否包含廉洁价值以及廉洁价值的类型和大小，不粉饰、不夸大、不缩小。比如，有的革命文化资源彰显的是中国共产党艰辛的革命奋斗历程，与廉洁关系不大，对此，不能无原则地扩大其内涵和范围，不能生硬套上廉洁文化的外壳，以免引起争议。要把革命文化资源中具体的历史发展、历史细节厘清，在真实的基础上予以客观判断，做好资源开发，讲好廉洁故事。要以党中央权威的决议和党的领导人权威的论述为依据，以准确客观的学术研究为基础，尊重历史，利用好严谨的学术研究成果。

（二）彰显廉洁价值

从廉洁文化资源开发的角度，要把革命文化资源中蕴含的廉洁价值放在最为重要的位置，予以深入挖掘和有效彰显。革命文化资源中廉洁价值的挖掘和彰显并不容易，既要收集、厘清革命文化资源涉及的历史人物、历史事件，更要对其蕴含的廉洁元素进行深入的挖掘和分析，在历史事实基础上，总结概括凝练，做到科学准确、全面深入。

（三）突出教育意义

从根本上讲，廉洁文化资源的开发要突出其蕴含的廉洁元素的教育功能、教育价值，服务于党的建设特别是党风廉政建设，一体推进不敢腐、不能腐、不想腐，特别是推进不想腐。革命文化资源中廉洁元素的开发也是如此，在解读和选择其中与廉洁元素相关的故事、细节等要素时，要把是否符合教育目的、是否具有教育意义放在第一位。

（四）坚持正面为主

革命文化资源中的廉洁故事，既有正面的案例，也有负面的案例。从文化产品供给的角度讲，不论正面还是负面，都具有廉洁教育的意义，也都具有开发的价值。但从文化接受的角度讲，观众对正面案例和负面案例会产生不同的观感，也可能会有不同的解读，甚至不排除某些情境下会产生对党的历史人物、历史事件的消极解读。革命文化资源中廉洁元素的开发具有突出的政治性、现实性，在案例资源的选取上和呈现上，要坚持正面为主，有效设置议程，精准传递案例中蕴含的廉洁元素信息，最大限度预防出现解读上的落差，避免出现误差和偏差。

（五）注重二次开发

革命文化资源开发有一次开发和二次开发之分。革命文化资源的一次开发是对革命历史资料的收集、整理、总结，厘清历史事件，描述历史人物。一次开发的成果主要是学术研究成果。二次开发是在一次开发基础上，对革命文化资源某一方面的专门开发。从实践来看，革命文化资源中廉洁元素的开发基本上都是二次开发，专注于发掘和利用其中蕴含的廉洁元素。这对廉洁文化资源开发工作具有重要的启发意义：要高度重视已有的学术研究成果等一次开发成果，以权威研究成果为基础，做好革命文化资源中廉洁元素的开发。

链　接

凉山彝海结盟纪念馆：开发革命文化廉洁元素

1935 年 5 月，中央红军巧渡金沙江后，北上进入四川凉山彝族自治州冕宁县，受到不明真相的彝族群众和彝族部族武装的阻挡。红军严格执行党的民族纪律，绝不向受苦受难的彝族同胞开枪。时任红军总参谋长兼先遣军司令员的刘伯承，向彝族果基家支首领小叶丹讲述了红军北上抗日的缘由和平等友好的民族政策，小叶丹深受感动，对红军深怀敬意，提出要与刘伯承司令员按照彝族习俗歃血为盟，刘伯承欣然应允。5 月 22 日，在风景秀丽的彝海湖畔，刘伯承与小叶丹举行了著名的彝海结盟仪式，结义为兄弟。在小叶丹的护卫下，红军先遣队顺利通过彝民区。义字当先的小叶丹，一直忠实执行刘伯承的嘱托，在后续部队经过的 7 天 7 夜里，全程护送红军顺利通过彝区。彝海结盟是民族团结的典范，是中国共产党民族政策的胜利，体现了少数民族对红军的爱戴，谱写了红军长征史乃至中国革命史上光辉灿烂的一页。

守纪律、讲规矩是中国共产党的优良传统，红军长征过冕宁期间，朱德总司令曾签发布告："军队纪律严明，不动群众一丝一粟……"

2018 年 11 月，彝海结盟纪念馆被中共四川省纪委、四川省监察委员会、中共四川省委宣传部正式定为四川省廉洁文化基地，成为四川省首批廉洁文化基地。

重走长征路、追寻红色记忆、讲述廉洁故事、接受清风洗礼……一批批党员干部在彝海结盟纪念馆廉洁文化教育基地集中接受红色廉洁教育，传承红色文化、弘扬廉洁风尚，干部党性修养和纪律作风得到双重提升。

"今天的教育活动对于我来说是一次深刻的体验，红色文化的熏陶、廉洁文化的洗礼，更激发了我作为一名党员干部的责任与担当，在今后的工作生活中，我将继续传承长征精神、传播廉洁文化，不忘初心、牢记使命，自觉践行为民务实清廉要求。"第一次参加活动的培训班学员金燕深有感触。

自定为"四川省廉洁文化基地"以来，彝海结盟纪念馆廉洁文化基地已接待游客 5 万余人次，组织党员干部参观教育 28 批 630 余人次。

（资料来源：《冕宁县：纪念碑前的"廉政党课"》，四川省监察委员会 2019 年 5 月 10 日）

三、革命文化资源廉洁元素开发的模式

革命文化资源廉洁元素有三种开发模式：行政主导模式、市场主导模式、混合模式。

（一）行政主导模式

行政主导模式是以政府主导和直接参与，以公共财政资金为主要开发资本，以行政方式推动革命文化资源廉洁元素开发的模式。这里的"行政"，是党委和政府职能的泛称，行政主导就是党委和政府主导。文化有文化事业和文化产业两大部分，文化事业因其公益性和社会性，需要依靠公共财政投入。革命文化和廉洁文化都具有明显的公益性、社会性，属于文化事业范畴，加之内含的政治性和意识形态性，

由党委和政府来领导、主导开发以及直接参与开发具有合理性、安全性。因此，革命文化资源中廉洁元素的开发，行政主导模式是主要的开发模式。

行政主导模式有三个突出的特点和优点：第一，突出党的领导，有效服务党的建设。由党委和政府来直接领导革命文化资源廉洁元素开发，能够有效直接对接党员教育、党风廉政建设需求，更好加强党员干部教育管理，推动党员干部成长。第二，有利于做好规划，提高工作效率。党委、政府具有广泛的权力，有开发革命文化资源的职责，能够有效制定开发规划，协调各方关系，调动各方资源，提高资源开发效率。第三，符合文化事业发展特点和要求。文化事业具有鲜明的社会性、公益性，行政主导契合文化事业发展的属性要求，能够更好突出革命文化资源中廉洁元素开发的政治性、思想性、教育性，有利于推动革命文化资源廉洁元素开发。概而言之，对革命文化资源廉洁元素开发来说，行政主导是一种适当的开发模式。

举例来说，某处革命遗迹及相关的革命人物、革命事迹中蕴含丰富的廉洁元素，首选的开发模式一般是行政主导模式，这是因为：第一，革命遗迹开发常用的方式是建设博物馆、展览馆等，需要大量的资金投入，需要纪检、宣传、党史研究、文化旅游、城乡规划、教育、财政等各部门、各方面通力合作，行政主导效率更高。第二，权威准确的革命人物、革命事迹收集、研究、评价是开发的基础，需要充分的、准确的历史资料，这需要党委政府及有关部门提供资料，需要党史研究机构、学术研究机构的支持。第三，市场化开发模式既存在资金筹集、统筹规划、历史资料支持等方面的困难，也存在政治方向把握、评价准确权威等方面的顾虑，党委、政府主导能让人更加放心。

文化资源开发没有十全十美的模式，行政主导模式也是如此。以行政主导模式开发革命文化资源中的廉洁元素，需要注意的问题也比较多，尤其需要注意费效比和受众接受度两个问题。费效比方面，行政主导模式依赖公共财政资金投入，我国公共财政具有明显的预算"软约束"特征，革命文化资源开发、廉洁文化资源开发又具有天然的政治正确性，在多种因素作用下，容易出现不计开发成本、大量投入财政资金、收益与成本失衡的情况，这是要特别注意警惕的。受众接受度方面，行政主导模式容易只注重传播者（文化生产者）的意图，一定程度忽视受众的情况，出现革命文化产品历史呈现缺乏让人感兴趣的细节，说教成分过多，不接地气，受众认可度不高的情况。要以清晰的开发思路、有效的创意、可行的具象化来化解这种情况。

链 接

▼

常州"三杰"革命文化资源及其廉洁元素开发

瞿秋白、张太雷、恽代英祖籍均为江苏常州，被誉为常州"三杰"。常州市充分利用这一革命文化资源，规划打造了常州"三杰"纪念地，包括常州"三杰"纪念馆、瞿秋白故居、张太雷故居、恽代英纪念广场，是第三批全国爱国主义教育示范基地。纪念地占地面积6.42万平方米，庄严肃穆，郁郁葱葱，目前主要建筑物有常州"三杰"群雕、烈士诗抄碑廊和人生格言碑林、常州革命烈士纪念馆、革命烈士纪念碑等。在常州"三杰"展厅，运用现代声光电技术，生动全面地展示了常州"三杰"伟大的一生，给参观者以强烈的视觉和听觉震撼。常州"三杰"纪念地与常州大学、常州市委党校深入挖掘、衍生开发革命主题展览的题材和内容，为高校提供定制化的微党课、微团课，举办"常州三杰红色故事宣讲大赛"、线上红色沙龙活动、"学习青年楷模恽代英、争做三有时代新人"公开课，厚植红色理想，涵养时代新人。

为了开发常州"三杰"廉洁元素，在常州"三杰"纪念地基础上，常州市规划建设了"三杰"纪念地廉政馆，以"无私奉献　清廉丰碑"为陈展主题，以常州"三杰"廉洁事迹为典范，以常州籍和在常州地区牺牲的英烈们廉洁奉公、无私奉献、清风浩荡的光辉业绩为陈展内容，分为"序厅""三杰典范""清风浩荡""廉政课堂"四大部分展出。常州"三杰"纪念地廉政教育馆为参观者亮出"3 座丰碑"（瞿秋白、张太雷、恽代英）和"30 面明镜"（30 位烈士的廉洁事迹），通过大力弘扬红色主流文化，赞扬英烈刚正不阿、清正廉洁的崇高气节，倡导勤廉诚信的道德风尚，形成廉荣贪耻、风清气正的社会氛围。

（资料来源：《常州"三杰"纪念馆新面貌亮相》，《常州日报》2021 年 4 月 29 日）

（二）市场主导模式

市场主导模式是依靠市场和资本，以文化产业形式开发革命文化资源及其廉洁元素的模式。市场主导模式有三个突出的特点：一是开发主体是市场主体，既有政府部门下属的经营性企业，如出版社、影视公司等，也有民营企业；二是依托市场生存和发展，获取市场利润是其重要目的；三是开发途径是将革命文化资源转化为市场化的文化产品，形成市场化的文化产业。

市场主导模式的优势在于：能够很好地将革命文化资源转化为群众喜闻乐见的文化产品，贴近群众实际；能够从市场中获取开发的资源，减轻财政负担；能够通过市场竞争实现优胜劣汰，创作出适销对路的文化产品，具有很强的内生动力。不足之处在于：市场化的利润导向和娱乐化倾向，一定程度上会弱化革命文化资源及其蕴含的廉洁元素开发的政治性、教育性，需要相关的法律法规进行规范，也需要文化部门予以规范和指导。

（三）混合模式

如前所述，革命文化资源属于公共文化资源范畴，革命文化资源开发特别是其中蕴含的廉洁元素的开发，要以公共利益为导向，突出政治功能、文化功能、教育功能，这就要求党委、政府必须参与其中。同时，革命文化资源开发也需要市场，完全依赖政府投入往往是不可持续的。政府主导和利用市场并不矛盾，可以将二者有机结合起来，这也就是混合模式，即政府主导与市场利用相结合的模式。

从实践来看，混合模式也是很多地方革命文化资源开发的常用模式，这是因为，混合模式兼有行政主导模式和市场主导模式的优势。近年来蓬勃发展的红色旅游产业采用的就是混合模式，文旅部门进行规划和指导，各地旅游部门跟进，以市场化方式开展运营，景点则采用免费开放或低票价，进一步带动了文化旅游、酒店、餐饮等行业发展，社会价值和市场价值实现了"双丰收"。

链　接
▼

广东推出红色旅游精品线路庆祝建党百年

作为中国近现代革命的策源地之一，广东有着光荣的革命传统和丰富的革命文化资源，全省共有4000余处红色遗址散落在各地。为庆祝中国共产党成立100周年，广东省文化和旅游厅推出多条红色旅游精品线路，下面是其中有代表性的几条线路。

广州红色羊城主题历史文化游径。线路内容：广州中山纪念堂——"三·二九"起义指挥部旧址——杨匏安旧居陈列馆——国民政府旧址——第一公园旧址——广大路中共广州市委机关旧址——"新青年"社旧址——广州公社旧址——中国共产党广东区委会旧址——中华全国总工会旧址——"团一大"纪念广场——广州农民运动讲习所旧址——广东咨议局旧址——广州起义烈士陵园——中国共产党第三次全国代表大会会址。线路特色：串联辛亥革命、广州起义、中国共产党早期活动等重大历史史迹，展现广州作为中国近现代革命策源地的英雄城市形象。

东征革命历史文化游径。线路内容：汕尾：东征革命军黄埔军校政治部住宿旧址——彭湃故居——"黄塘埔战役"前线指挥部旧址；汕头：广东东江各属行政委员公署旧址——汕头市东征军革命史迹陈列馆——潮州：涵碧楼革命纪念馆——李厝祠；揭阳：棉湖战役东征军指挥部旧址——棉湖战役山湖之战旧迹——周恩来同志革命活动旧址。线路特色：聚焦汕尾、汕头、揭阳、潮州作为东征革命的活动地，深度挖掘以周恩来同志为代表的中国共产党人的东征革命史迹、东征革命旧址、红色革命史迹遗址等历史文化资源，策划串联东征革命游径，打造成为推动革命遗址保护利用，大力弘扬革命精神，教育引导一代代人不忘初心、砥砺前进的生动案例。

东纵抗战历史文化游径。线路内容：深圳：东江纵队纪念馆（前进报社旧址、曾生故居）中国文化名人大营救纪念馆——东宝行政督导处旧址；东莞：大岭山抗日根据地旧址——广东东江纵队纪念馆——惠州：博罗县东江纵队纪念馆——东湖旅店——惠宝人民抗日游击总队成立旧址；河源：茶壶耳屋——香港文化名人大营救指挥部旧址——九连小延安。线路特色：重点突出深圳、东莞、惠州、河源作为抗日战争时期东江纵队的主要活动地，串联 4 个城市的东江纵队抗战旧址、纪念设施、红色革命史迹遗址等历史文化资源，打造成为一条可观、可游和可研的东江纵队抗战游径路线。

南粤星火路红色主题游径。线路内容：梅州"八一"起义军三河坝战役纪念园——潮州涵碧楼——潮州市茂芝会议旧址——汕头市南昌起义南下部队指挥部旧址；揭阳市揭阳学宫（周恩来同志革命活动旧址）——揭阳市"八一"南昌起义南下部队指挥部军事决策会议旧址——汕尾市海丰县红宫、红场旧址——周恩来同志渡海处。线路特色：以"入粤鏖战，星火燎原"为主题，展现南昌起义部队挺进广东，在南粤大地上演绎的一幕幕威武壮烈的革命史诗。

叶帅故里红色游线路。线路内容：大埔县"八一"起义军三河坝战役纪念园——青溪镇中央苏区红色交通线旧址——梅县区叶剑英纪念园——平远县八尺镇角坑梅州岃红色古驿道——平远县红军纪念园——仁居红色村——差干镇松溪河红军路。线路特色：重温红色历史、传承奋斗精神。

（资料来源：《广东推出红色旅游精品线路庆祝建党百年》，广东省文化和旅游厅2021年4月2日）

四、革命文化资源廉洁元素开发的作品

文化资源开发是将文化资源具象化，目的是形成文化作品或文化产品；文化作品、文化产品的数量和质量，是衡量文化资源开发最直接的评价指标。文化作品是以社会效益为主要目标的文化成果，不以营利为目的，不是文化商品，如爱国主义教育基地、革命历史博物馆、烈士陵园、教师的课件和授课等。文化产品是以营利为目的，进入市场的文化商品，如文化旅游产品、书籍、杂志、影视作品等。革命文化资源中廉洁元素的开发，最终要形成文化作品或文化产品，以非市场方式进行推广或以市场方式进行销售，实现社会

效益和经济效益。反之，如果没有形成文化作品或文化产品，革命文化资源开发就只停留在纸面上；如果文化作品、文化产品不被受众认可，革命文化资源开发的价值也就没有实现。因此，能否形成为社会所认可的文化作品或文化产品，是革命文化资源廉洁元素开发的关键所在。

（一）物质文化作品

革命遗存是革命文化资源的重要形态，具有物质形态的革命遗存的开发，形成的往往也是物质文化作品或产品，如革命历史遗迹上开发的革命历史博物馆、展览馆、纪念公园等，其中往往也蕴含廉洁元素，在规划设计上予以彰显和展示，成为革命文化作品或产品的重要组成部分。

革命先辈、革命烈士故居往往也能够开发成为物质文化作品，如毛泽东故居、邓小平故居等；众多的革命遗物、历史图片等集中在一起，辅之以文字和影像表达，也能够形成物质性的革命文化作品，中国共产党历史展览馆就是典型的例子。相关的物质文化作品中包含的廉洁元素，自然会形成廉洁文化作品。

物质性的革命文化资源一般采用行政主导模式进行开发。革命历史遗存具有公共属性和公益性，规划建设运营涉及方方面面，形成的物质性文化作品后续需要很高的维护和运营成本，行政主导更加适合。物质性的革命文化作品由于具有可见性、生动性、创意性、寓教于乐性，近年来，围绕物质性的革命文化作品形成了红色旅游产业，与市场有了一定程度的结合，成为推动地方经济发展的重要力量。

物质性的革命文化资源具有稀缺性，必须坚持保护第一的原则，科学规划，不能将经济利益放在第一位，更不能搞无序开发、过度开发。所形成的文化作品或文化产品，要有创意地展现政治标准和正确价值观，讲好动人的廉洁故事，让群众喜闻乐见，彰显革命文化滋润人心的教育意义。

链　接

▼

中国共产党历史展览馆

首都北京中轴线北延长线东侧，一座雍容大度、气势磅礴的地标建筑巍然矗立，这就是中国共产党历史展览馆。这座中国共产党永久性、综合性的党史展览馆，第一次全方位、全过程、全景式、史诗般展现了中国共产党波澜壮阔的百年历史，浓墨重彩地反映了党的不懈奋斗史、不怕牺牲史、理论探索史、为民造福史、自身建设史，成为展示中国共产党奋斗历史的精神殿堂。

习近平总书记高度重视党的历史的总结、学习、教育、宣传。党的十八大以来，习近平总书记一直在思索谋划如何更好地把党的历史学习好、总结好，把党的成功经验传承好、发扬好，让党的历史成为最鲜活、最有说服力的教科书，引领全党全社会以史为鉴、开创未来。党的十九大闭幕后不久，以习近平同志为核心的党中央作出重大决策：建设中国共产党历史展览馆！习近平总书记明确指示，党史馆要筹办"不忘初心、牢记使命"中国共产党百年历史主题展，作为长期基本陈列展览。

习近平总书记对建好中国共产党历史展览馆、办好中国共产党历史展览高度重视，亲自谋划、亲自决策、亲自部署。2018年4月、2020年9月和2021年2月，习近平总书记先后三次亲自主持会议，专门听取中国共产党历史展览馆工程建设和中国共产党历史展览展陈筹备工作的情况汇报。习近平总书记强调，党史展览馆建设要同中国共产党的精神相吻合，充分体现中国共产党百年奋斗的历史和其中蕴含的伟大奋斗精神，反映中国共产党人筚路蓝缕、顽强奋斗的伟大历程；展览内容是全景式的，充分展示我们党的全部历史，特别是要把中国共产党的性质、宗旨和奋斗精神展示出来；要突出主题主线，把"不忘初心、牢记使命"作为一条红线，展示中国共产党如何为中国人民谋幸福、为中华民族谋复兴；要通过有代表性、说服力的展览元素，讲清楚中国共产党诞生的历史背景、中国人民选择中国共产党领导的历史必然性，讲清楚党的守正创新、与时俱进；党史展讲的是革命传统，但手法要创新，不能只是放一些展品了事，而是发挥展示、纪念、宣传、教育、研究等综合功能，要声光电结合，有互动式的体验；要把党史展览馆建设成为一个神圣殿堂，成为共产党员受教育、受洗礼的精神家园，成为引导人民群众听党话、跟党走的教育基地，成为党史研究和宣传的权威阵地。

2018 年 1 月，中国共产党历史展览馆建设正式启动，2021 年 5 月 5 日竣工落成，同年 6 月 18 日开馆，7 月 15 日起开始面向社会公众开放。2021 年 6 月 19 日，中国共产党历史展览馆被中共中央宣传部命名为"全国爱国主义教育示范基地"，同年 6 月 24 日，中国共产党历史展览馆获得鲁班奖。

在服务公众学习参观基础上，中国共产党历史展览馆按照习近平总书记"发挥展示、纪念、宣传、教育、研究等综合功能"的要求，努力把展馆和展览打造成为学习传承党的光辉历史的重要载体，成为广大干部群众的精神家园和精神殿堂，成为面向国际社会讲好中国共产党故事的重要平台。党史展览馆门前的大型雕塑《信仰》，集中展示了中国共产党人朝着共产主义理想坚毅前行的英勇气概，定格了无数仁人志士用生命践行入党誓词、为了理想信念不屈奋斗的历史瞬间。如今，党史展览馆已经成为许多党员重温入党誓词、坚定理想信念的地方。

（资料来源：《壮丽的史诗　精神的殿堂——中国共产党历史展览纪实》，《光明日报》2022 年 6 月 20 日）

（二）非物质文化作品

革命文化资源开发形成的作品或产品，总体上看还是以非物质形态为主；革命文化资源廉洁元素的开发，也是以非物质文化作品和产品居多。

（1）影视作品。影视作品是革命文化资源开发重要形态，也是革命文化资源开发最富创意的途径，为人民群众喜闻乐见，俗称"主旋律"。新中国成立以来，基于革命历史拍摄的影视作品非常多，很多已成为经典，极具艺术价值和教育价值。近年来，《建党伟业》《建军伟业》《长征》《解放》《破晓东方》《大决战》《长津湖》《亮剑》等，都是革命文化资源开发形成的主旋律影视作品，这些作品也都包含对党的革命历程中廉洁价值、廉洁元素的呈现。中国共产党的革命历史是极其珍贵的影视资源宝库，革命文化资源蕴含极大的艺术加工潜力，影视作品是革命文化资源廉洁元素开发的主要形态，也是人民群众喜闻乐见的形式。在开发模式上，影视作品主要采用市场主导模式，以文化产品方式挖掘革命文化资源的经济效益，同时，以大众接受的创意和产品实现社会效益特别是教育意义。

（2）书籍著作。主要有小说、纪实作品、人物传记以及学术著作等。中国共产党的革命历史是小说的重要素材，有关中国共产党的革命奋斗历程、革命历史事件的纪实作品受众广泛，革命先辈、革命烈士的传记广受欢迎，党史研究成果不断涌现，这些书籍著作往往都包含中国共产党坚持廉洁、服务人民的高尚情操和历史实践。随着互联网的兴起，电子阅读成为年轻一代的阅读方式，互联网空间也有大量有关中国共产党革命历史的作品出现，成为革命文化资源开发更加大众化的途径和形态。

链　接

▼

《苦难辉煌》：洛阳纸贵的党史著作

《苦难辉煌》是国防大学战略研究所所长金一南少将创作的纪实文学作品，首次出版于 2009 年。全书共 16 章，长征题材占了约 10 章，其余数章也基本上围绕着长征这一主题，为其"蓄势"或"收官"，全景式地展现了老一辈无产阶级革命家在极其困难的环境下建立红色政权、率领红军进行战略转移的伟大壮举，展现了中国共产党领导人民进行革命战争的正义、艰辛和伟大。

《苦难辉煌》的写作始于 20 世纪 90 年代初。当时的金一南看到，转型期的中国在取得改革开放、经济建设巨大成就的同时，各种思潮汹涌而来，社会上出现了怀疑历史、否定理想、动摇信仰的思潮，人们的道德和价值定位出现了偏差。他写这本书的初衷就是想告诉世人："我们曾经拥有一批顶天立地的真人，他们不为钱，不为官，不怕苦，不怕死，只为胸中的主义和心中的信仰。"

从着手收集材料到完成《苦难辉煌》的撰写，金一南用了整整十五年时间。专家学者对《苦难辉煌》一书给予了高度评价。中央文献研究室副主任李捷认为该书有 4 个突出特点：用晓畅传神的情节和话语吸引人、用炽热真挚的情感感染人、用深刻精辟的分析启发人以及研究和创作方法上的创新；中国人民革命军事博物馆首席军史专家姜廷玉指出，《苦难辉煌》一书，是一部从战略思维的高度，多视角地描写和反映中国革命战争史的著作，它使我们的历史、我军的历史更加丰富多彩、鲜活生动，使党史、军史上的人物有血有肉、栩栩如生，具有较强的可读性。读者们普遍反映，《苦难辉煌》具有大视野、新思路，生动展示了中国共产党艰苦奋斗的历程，深刻揭示中国革命胜利的必然性，读完让人升腾起英雄主义的激情。

2009年《苦难辉煌》初版时，出版社预测只能出7000册，没想到后来卖了300多万册，至今仍然畅销。金一南说："我不是为谁写，要写给谁看，我是写给我内心的。"看过《苦难辉煌》的读者纷纷感慨：这是所有国人都值得一看的书，销量能不大吗？

2010年4月，中组部和中宣部联合向全国党员干部推荐。2011年3月，《苦难辉煌》获"中国出版政府奖"。2013年，该书被改编成12集历史文献纪录片《苦难辉煌》，在中国中央电视台综合频道播出。

《苦难辉煌》是新世纪以来革命文化资源最为成功的开发案例，不仅取得了显著的社会效益和教育效果，也收获了不菲的经济效益。

（3）教材和课件。革命文化资源具有重要的教育价值，其中蕴含的廉洁元素，教育意义更加突出，将其转化为高校、党校（行政学院）、中小学的教材和教学课件，可以有效发挥其廉洁教育的作用。当前，党史学习教育不仅是党员教育、党校（行政学院）课程的重要内容，而且也是国民教育的重要内容，大中小学教材中有不少内容都来自中共党史。推进革命文化资源及其蕴含的廉洁元素开发，将其更好地融入各级各类教材和课件，具有重要意义。

第四章

中华优秀传统文化资源的开发利用

中华优秀传统文化是中华民族的文化基因，是中华民族的文化"根脉"，植根中国人的内心，渗透中国人的骨髓，是中国人的思维方式和行为方式。中华优秀传统文化富含廉洁元素，蕴含着包括廉洁道德在内的丰富的思想道德资源，是新时代加强廉洁文化建设不可或缺的珍贵资源。《关于加强新时代廉洁文化建设的意见》要求，要用中华优秀传统文化涵养克己奉公、清廉自守的精神境界。

一、中华优秀传统文化资源在廉洁文化建设中的意义

中华优秀传统文化资源主要包括中华优秀传统政治思想、文化思想、道德规范以及仍然具有时代价值的传统艺术、历史遗迹、传统器具、传统工艺、传统节日、传统饮食等。钱穆认为："中国文化是以'道德精神'为其最高领导的一种文化。由道德精神具体落实到政治。这一种政治，亦该是道德性的政治。再由政治控制领导着经济。这一种经济，亦该是道德性的经济。至于文学艺术，莫不皆然。其最高领导者，还是道德精神。"① 以道德精神为"最高领导"的中华优秀传统文化，在廉洁文化建设中具有重要的价值和意义。

（一）中华优秀传统文化启智润心

中华优秀传统文化资源之所以在廉洁教育中具有重要地位，根本原因在于它具有积极向善、启智润心的重要价值，在于它植根于中国人的内心，已成为日常思维方式和生活方式，"日用而不觉"。习近平总书记强调："中国优秀传统文化的丰富哲学思想、人文精神、教化思想、道德理念等，可以为人们认识和改造世界提供有益启迪，可以为治国理政提供有益启示，也可以为道德建设提供有益启发。"② 中华优秀传统文化强调"民惟邦本""天下为公""仁者爱人""君子喻于

① 钱穆：《文化学大义》，九州出版社 2012 年版，第 75 页。
② 《习近平著作选读》第 1 卷，人民出版社 2023 年版，第 278 页。

义""己所不欲，勿施于人""和而不同""天行健，君子以自强不息"，主张以德治国、以文化人，强调诚信立身，"人而无信，不知其可也""德不孤，必有邻"，等等，这些具有鲜明民族特色的精神文化饱含廉洁文化元素，具有永不褪色的时代价值，是新时代廉洁文化的重要资源和精神滋养。

中国传统文化高度重视以"四维八德"为核心的道德教化。"四维"即"礼、义、廉、耻"，"八德"即"孝、悌、忠、信、礼、义、廉、耻"，"廉"在"四维八德"中占据重要位置。《管子》云："国有四维，一维绝则倾，二维绝则危，三维绝则覆，四维绝则灭。倾可正也，危可安也，覆可起也，灭不可复错也。何谓四维？一曰礼，二曰义，三曰廉，四曰耻。礼不逾节，义不自进，廉不蔽恶，耻不从枉。故不逾节则上位安，不自进则民无巧诈，不蔽恶则行自全，不从枉则邪事不生。"封建时代的"四维八德"固然有其历史局限性，但其彰显的道德教化、廉洁修身的精神依然具有时代价值，具有指引方向、启迪人心的作用。

中华优秀传统文化资源积极向善、启智润心的重要价值，对新时代廉洁文化建设意义重大。中华优秀传统文化资源特别是其中蕴含的丰富的廉洁文化、行为实践以及模范人物的人格风范，为新时代廉洁文化建设提供了丰厚资源。以儒家文化为核心的中国传统廉洁思想及其制度实践，为新时代廉洁文化建设提供了重要的历史智慧。中国传统文化所推崇和追求的理想人格特别是"君子人格"，为新时代廉洁文化建设提供了目标参考和文化滋养。儒家思想强调的成为人、成为君子、成为圣人和格物致知、修齐治平，为新时代廉洁文化建设提供了重要的目标指向和路径参考。此外，一些朝代严重的贪腐问题以及反腐败失败的教训，也蕴含着重要的反面启示，发人深省，予人启迪。

链 接
▼
习近平总书记论中华优秀传统文化

"优秀传统文化是一个国家、一个民族传承和发展的根本，如果丢掉了，就割断了精神命脉。我们要善于把弘扬优秀传统文化和发展现实文化有机统一起来，紧密结合起来，在继承中发展，在发展中继承。"①

"中华文明延续着我们国家和民族的精神血脉，既需要薪火相传、代代守护，也需要与时俱进、推陈出新。"②

"世界上一些有识之士认为，包括儒家思想在内的中国优秀传统文化中蕴藏着解决当代人类面临的难题的重要启示，比如，关于道法自然、天人合一的思想，关于天下为公、大同世界的思想，关于自强不息、厚德载物的思想，关于以民为本、安民富民乐民的思想，关于为政以德、政者正也的思想，关于苟日新日日新又日新、革故鼎新、与时俱进的思想，关于脚踏实地、实事求是的思想，关于经世致用、知行合一、躬行实践的思想，关于集思广益、博施众利、群策群力的思想，关于仁者爱人、以德立人的思想，关于以诚待人、讲信修睦的思想，关于清廉从政、勤勉奉公的思想，关于俭约自守、力戒奢华的思想，关于中和、泰和、求同存异、和而不同、和谐相处的思想，关于安不忘危、存不忘亡、治不忘乱、居安思危的思想，等等。中国优秀传统文化的丰富哲学思想、人文精神、教化思想、道德理念等，可以为人们认识和改造世界提供有益启迪，可以为治国理政提供有益启

---

① 《习近平著作选读》第 1 卷，人民出版社 2023 年版，第 281 页。
② 《习近平著作选读》第 1 卷，人民出版社 2023 年版，第 480 页。

示，也可以为道德建设提供有益启发。"①

（二）新时代廉洁文化建设要汲取中华廉洁文化精华

中华优秀传统文化源远流长、博大精深，是中华文明的智慧结晶，其中蕴含丰富的廉洁思想，构成了特色鲜明的中华廉洁文化，这是中国人民在长期生产生活中积累的人生观、政治观、社会观、道德观的重要体现，新时代廉洁文化建设要汲取其精华。正如毛泽东所言："我们这个民族有数千年的历史，有它的特点，有它的许多珍贵品。对于这些，我们还是小学生"，"从孔夫子到孙中山，我们应当给以总结，承继这一份珍贵的遗产"。②

《论语》是集中体现儒家思想理论、政治主张、伦理规范的重要著作。北宋宰相赵普曾说"半部《论语》治天下"，生动表述了《论语》的价值和意义。廉洁修身贯穿《论语》全文，《论语》有众多有关廉洁的金句，如"其身正，不令而行；其身不正，虽令不从"；"为政以德，譬如北辰，居其所而众星拱之"；"君子喻于义，小人喻于利"；"不义而富且贵，于我如浮云"；"奢则不孙，俭则固；与其不孙也，宁固"；"德之不修，学之不讲，闻义不能徙，不善不能改，是吾忧也"；等等。这些金句生动体现了我国崇德尚廉、廉为政本、持廉守正的优秀文化传统，具有跨越时空、历久弥新的意义和价值。

习近平总书记对中华优秀传统文化中蕴含的廉洁价值、廉洁元素有深刻的论述和总结。他强调，大道之行、天下为公的大同理想，德主刑辅、以德化人的德治主张，民贵君轻、政在养民的民本思想，法

---

① 《习近平著作选读》第 1 卷，人民出版社 2023 年版，第 277—278 页。

② 《毛泽东选集》第 2 卷，人民出版社 1991 年版，第 533—534、534 页。

不阿贵、绳不挠曲的正义追求，孝悌忠信、礼义廉耻的道德操守，任人唯贤、选贤与能的用人标准，以及清廉从政、勤勉奉公、俭约自守、力戒奢华的思想等等。[①] 这些都是中国廉洁文化的精华所在，是新时代廉洁文化建设不可多得的宝贵资源。

我国古代，廉洁不仅是思想理念和道德教化，也体现在制度规范上。历朝历代官员的考核指标中，廉占据第一的位置。《周礼·天官冢宰第一·小宰》记载，考核官员主要有六个方面的指标："一曰廉善，二曰廉能，三曰廉敬，四曰廉正，五曰廉法，六曰廉辨。"六个方面涵盖广泛，但都以"廉"字开头。以廉为核心的制度规范，对新时代廉洁制度建设仍然具有参考价值。

链 接

▼

"礼"是什么

《管子》曰："何谓四维？一曰礼，二曰义，三曰廉，四曰耻。礼不逾节，义不自进，廉不蔽恶，耻不从枉。故不逾节则上位安，不自进则民无巧诈，不蔽恶则行自全，不从枉则邪事不生。"作为中国传统道德规范的礼义廉耻，从数千年的历史文化中传承发展而来，蕴含着先贤深远的智慧。

下面我们来说说被误解最多的"礼"。

中华民族素有礼仪之邦的美称，孔子曾说过："不学礼，无以立。"有些人觉得，古代的礼可能只是一些无用的繁文缛节。实际上，持这种观点的人并没有领会到"礼"的真正精神。礼其实是指有礼有节，遵纪守法。它有一个很重要的作用，就是建立界限。简单地说，

---

① 《习近平著作选读》第2卷，人民出版社2023年版，第278页。

就是让人们在潜移默化中受到熏陶,养成为人处事不过分、不越界的习惯。现在很多人谈到"礼",总想到送礼、讲人情、拉关系,把"礼"等同于礼金、礼品。这是对"礼"的认识不正确导致的。有的干部红白喜事虽不请客却收礼,认为这是正常的人情往来,有的送礼和收礼穿上"隐身衣",礼品册、电子礼品卡等花样繁多。巨大的人情关系网,把一些人网在里面。你来我往,彼此间有着还不清的人情债;你有圈子,我有圈子,大家竞相找圈子、入圈子,人际关系因此变得复杂庸俗。传统上崇高的"礼"逐渐变成了收受贿赂、贪得无厌的遮羞布。

有鉴于此,我们有必要回到经典中,还原"礼"的真实面目,遏制住打着"礼"的幌子搞不正当交易的歪风邪气。《群书治要·礼记》说:"道德仁义,非礼不成;教训正俗,非礼不备;分争辨讼,非礼不决。"可见,在传统文化中,礼是秩序的代表,其核心是"敬",是对人、事、物怀有诚敬之心的外在体现。对于个人,礼意味着礼仪教养,它不仅是与人交往的尺度,也是自身道德涵养的体现。对于社会,礼意味着法纪法规、条例规范,是对秩序的维护,也是对人们的保护。对于天地万物,礼意味着诚敬有度,表达的是对万物生灵的敬畏。礼的实质,是知敬畏,守规矩,遵法纪,有教养。时代在不断前进,但中国人对和谐有序的向往永远不变。

(资料来源:刘余莉、郭家瑞:《礼义廉耻 国之四维——传统德目的现代阐释(下)》,《中国纪检监察报》2023年3月10日)

二、中华优秀传统文化资源中廉洁元素开发的原则

习近平总书记强调,"优秀传统文化是一个国家、一个民族传承

和发展的根本，如果丢掉了，就割断了精神命脉"①，"要加强对中华优秀传统文化的挖掘和阐发，使中华民族最基本的文化基因与当代文化相适应、与现代社会相协调，把跨越时空、超越国界、富有永恒魅力、具有当代价值的文化精神弘扬起来"。② 中华优秀传统文化资源中廉洁价值、廉洁元素的开发，除要遵循文化资源开发的一般原则外，也要遵循一些特定的原则要求。

（一）自信原则

习近平总书记 2023 年 6 月在文化传承发展座谈会上强调："自信才能自强。有文化自信的民族，才能立得住、站得稳、行得远。中华文明历经数千年而绵延不绝、迭遭忧患而经久不衰，这是人类文明的奇迹，也是我们自信的底气。"③ 自信是文化主体性的根本表现，是文化开发的前提和基础。自信对中华优秀传统文化资源的开发具有特殊的价值和意义，也是需要特别强调的原则要求，这是因为，近代以来，在西方文化的冲击下，中华文化的发展陷入了低谷，对中华文化的不自信乃至质疑一度成为潮流，至今仍有余响。中华传统文化同其他民族古老的文化一样，并非十全十美，但其优点和价值十分突出，作为中华儿女，我们没有质疑甚至否定自身文化的理由，相反，我们有诸多文化自信的理由。比如，儒家文化至今仍被世界各国推崇，孔子的塑像被镌刻在美国最高法院的门楣上，其他国家都如此敬重中国文化先贤，我们有什么理由不自信?!

---

① 《习近平著作选读》第 1 卷，人民出版社 2023 年版，第 281 页。

② 习近平：《在哲学社会科学工作座谈会上的讲话》，人民出版社 2016 年版，第 17 页。

③ 习近平：《在文化传承发展座谈会上的讲话》，《求是》2023 年第 17 期。

需要指出的是，文化自信不是文化自大、文化自负，更不是贬低其他国家和民族的文化，而是对本民族文化的内在价值和未来发展的信心。就廉洁文化而言，如前所述，中华传统文化具有鲜明的道德精神的特质，对廉洁的理论分析、价值论述、制度设计、历史实践等极为丰富和深刻，可以说形成了中华廉洁文化，为中华优秀传统文化中廉洁价值、廉洁元素的开发提供了坚实基础。正如习近平总书记强调的："我们要利用好中华优秀传统文化中的这些宝贵资源，增强人们的价值判断力和道德责任感，不断提高人们道德水平，提升人们道德境界。"①

（二）结合原则

结合指"两个结合"，坚持把马克思主义基本原理同中国具体实际相结合、同中华优秀传统文化相结合。对中华优秀传统文化资源的开发利用来说，我们特别强调"第二个结合"，即马克思主义基本原理同中华优秀传统文化相结合。正如习近平总书记在文化传承发展座谈会上强调的，"第二个结合"是中国共产党又一次的思想解放，是对中华文明发展规律的深刻把握，让我们能够在更广阔的文化空间中，充分运用中华优秀传统文化的宝贵资源，探索面向未来的理论和制度创新；马克思主义基本原理同中华优秀传统文化的结合，结果是互相成就，造就了一个有机统一的新的文化生命体，让马克思主义成为中国的，中华优秀传统文化成为现代的，让经由"结合"而形成的新文化成为中国式现代化的文化形态。②

---

① 《习近平关于社会主义文化建设论述摘编》，中央文献出版社 2017 年版，第141 页。

② 习近平：《在文化传承发展座谈会上的讲话》，《求是》2023 年第 17 期。

就廉洁文化建设而言,"两个结合"特别是"第二个结合",为中华优秀传统文化中廉洁文化资源的开发利用指明了方向,明确了要求,激发了动力。比如,在马克思主义指导下,将中华廉洁文化中具有时代价值的内容(如廉洁修身的思想内容)进行适当转化,用于党员干部教育,发挥中华优秀传统文化泽润人心的作用;结合现代法治理念,将其转化为廉洁制度设计的重要内容,让我国廉洁制度设计更符合中国人的伦理规范和社会心理。

(三)鉴别原则

具体来说,鉴别原则就是按照取其精华、去其糟粕和古为今用、洋为中用的原则,继承和发扬中华传统文化中能够推动廉洁文化建设的积极要素,去除不利于廉洁文化建设的消极要素。

我们知道,中华传统文化不是所有的要素都是积极的、适应现代社会发展要求的,中华传统文化中也有不少消极的内容和成分,有些内容和成分已不适应现代社会的发展要求。就廉洁文化而言,漫长的封建社会形成了一种以各种"潜规则"为代表的腐败亚文化,一些至今仍潜移默化地影响着我们,这也是造成党员干部作风问题、腐败问题的一个重要因素。一定要对中国传统文化中的精华和糟粕进行"鉴别",确保我们继承发扬的是中华优秀传统文化而非其他文化。对此,中国共产党历来是有清醒认识的。1960年12月,毛泽东在同两个外国代表团谈话时指出:"对中国的文化遗产,应当充分地利用,批判地利用。中国几千年的文化,主要是封建时代的文化,但并不全是封建主义的东西,有人民的东西,有反封建的东西。要把封建主义的东西和非封建主义的东西区别开来","我们应当善于进行分析,应当批判地利用封建主义的文化,而不能不批判地加以利用。反封建主义的文化当然要比封建主义的好，但也要有批判、有区别地加以利用"。①
习近平总书记强调："传统文化在其形成和发展过程中，不可避免会
受到当时人们的认识水平、时代条件、社会制度的局限性的制约和影
响，因而也不可避免会存在陈旧过时或已成为糟粕性的东西。这就要
求人们在学习、研究、应用传统文化时坚持古为今用、推陈出新，结
合新的实践和时代要求进行正确取舍，而不能一股脑儿都拿到今天来
照套照用。"②

链　接

▼

负面文化因素是滋生腐败的重要因素

中国素为礼仪之邦，国人似乎深谙礼仪之道。如果深入考察不难
发现，古代圣贤所倡导的礼，在世俗生活和政治生活中，早已发生了
变异。清代衍生出的礼数更是名目繁多，令人应接不暇。诸如"别
敬、冰敬、炭敬、门敬、文敬、年敬、节敬、喜敬、妆敬"等等，这
个敬那个敬，说白了，就是花银子孝敬上司，以送礼之名行贿赂之实。
"红包文化"就是一种"礼"的变异。人们之所以热衷于赠送和收受
红包，就是因为红包被赋予了文化内涵，美其名曰礼尚往来，人之常
情。披上"礼"的外表，似乎就合乎情理，于是很多人便心安理得地
赠送和收受红包。将"红包文化"与礼仪文化捆绑起来，为红包的流
行赋予了广泛的合法性和合理性，于是"红包文化"成为社会潜规则
之一，成为日常办事甚至升官发财的习惯方式。

新中国终结了封建特权制度，但是由于文化具有沉淀性和渗透性

---

① 《毛泽东文集》第 8 卷，人民出版社 1999 年版，第 225 页。
② 《习近平著作选读》第 1 卷，人民出版社 2023 年版，第 281 页。

等特点，在一定条件下，腐朽的思想文化依然能沉渣泛起，影响人们的思维和行为。不正之风尽管人民群众深恶痛绝，却逐渐形成了一种文化习俗，大家都心照不宣地接受既定的现实。

正是由于负面文化因素存在，致使腐败现象蔓延的时候，未能得到社会心理与文化自觉的抑制与反抗。腐败，俨然成为"臭豆腐"，闻起来臭，吃起来香。没能腐败的时候，对腐败深恶痛绝；一旦有机会腐败，就不禁沾沾自喜。因此，遏制腐败需要软硬两手，一方面要依法严厉打击，另一方面要建设并形成清廉文化，净化社会土壤。

（资料来源：陈良：《滋生腐败的负面文化因素》，《中国纪检监察报》2015 年 1 月 23 日）

（四）"两创"原则

"两创"即创造性转化、创新性发展，这是以习近平同志为核心的党中央对继承发展中华优秀传统文化提出的重要理论和工作要求。创造性转化是按照时代特点和要求，对中华传统文化中那些至今仍有借鉴价值的内涵和陈旧的表现形式加以改造，赋予其新的时代内涵和现代表达形式，激活其生命力；创新性发展是要按照时代的新进步新进展，对中华优秀传统文化的内涵加以补充、拓展、完善，增强其影响力和感召力。创造性转化、创新性发展不是一般的开发利用，它强调的是遵循文化发展规律，根据时代特点和要求，对中华优秀传统文化进行创造、创新，激活中华文明活力，建设中华民族现代文明。中国传统文化中廉洁文化资源的开发也是如此，追求的不是简单地重复利用，而是更好地实现"两个结合"特别是"第二个结合"，推动传统廉洁文化向现代廉洁文化转变，让现代廉洁文化扎根中国文化土壤，净化社会土壤，涵养精神境界。

三、中华优秀传统文化资源中廉洁元素开发的途径和特点

中华优秀传统文化的开发已较为成熟，开发利用的方式和途径不断拓展，形成和积累了丰富的经验，为新时代新征程上中华优秀传统文化中廉洁因素资源的开发提供了良好条件和基础。

（一）开发的主要途径和方式

中华优秀传统文化资源中廉洁元素的开发既有传统的途径和方式，也在不断探索新的途径和方式。从产品形态来看，中华优秀传统文化资源中廉洁元素的开发主要有学术作品、艺术作品、文化旅游产品、博物馆展览馆、文创产品、电视讲座等途径和方式。

（1）学术作品方式。主要是指以专家学者为主的创作群体对中华优秀传统文化中的廉洁元素进行学术研究，形成学术论著，也包括带有理论性质的大学、党校（行政学院）教材等。中华优秀传统文化资源是学术研究的重要对象，是学术研究的富矿，将其中蕴含的廉洁元素研究全面、研究透彻，能够为其他开发形式提供基础和依据，意义重大。

（2）艺术作品方式。包括小说、戏剧、影视等作品。这是中华优秀传统文化资源最为重要的开发途径和形式，也是社会公众喜闻乐见的形式。腐败与反腐败是中国历史一条重要线索，中国历史上腐败与反腐败斗争故事众多，精彩纷呈，读者对反腐败题材的小说、影视作品喜闻乐见，反腐败的文艺作品不仅会产生高度的社会效益，也有很好的经济效益。比如，2007 年上映的电视剧《大明王朝 1566》，记录了明嘉靖年间朝廷为弥补国库亏空，在浙江省推行改粮种桑政策，两

股政治势力相互抗争的故事，反映了一部分朝廷官员不顾百姓疾苦一味剥削腐败，另一部分廉洁的官员与腐败作斗争的故事，情节跌宕起伏，历史人物刻画精准传神，让观众在了解历史的同时也深刻思考中国的历史问题特别是腐败问题、历史周期率问题。该剧也成为目前豆瓣国产历史剧排名榜的第一神剧。

链　接

▼

"狄仁杰"这个 IP 火了 32 年

影视 IP，是指电影、电视剧等原创故事、角色、场景等知识产权被授予其他商业使用的行为。

起于电影的"狄仁杰"IP，经过近 40 年依然火热。在豆瓣电影网搜索，以狄仁杰为名的电影、电视剧已经超过 80 部，2023 年上映的就有 4 部，"狄仁杰"IP 火到不行。

清代的《狄公案》和荷兰高罗佩的《大唐狄公案》等文学作品，是"狄仁杰"IP 的源头。就中国内地而言，这个 IP 开始"出名"，是 1986 年的《血溅画屏》。同年，由太原电视台出品的《狄仁杰断案传奇》，让狄仁杰的故事广泛传播，1996 年该台又连续出了 2 部。作为狄仁杰的出生地，太原在这个 IP 的推动上功不可没。2000 年，陈宝国主演的《龙珠风暴》播出；同一年，中国台湾演员寇世勋主演的《护国良相狄仁杰之京都疑云》在大陆上映。2004 年，内地、香港、台湾三地合拍了《月上江南之狄仁杰洗冤录》，播出后引发热潮。

让"狄仁杰"真正爆火的，是从 2004 年开始的梁冠华"胖版"狄仁杰，梁冠华的精湛演出，让《神探狄仁杰》真正出圈。该系列一共打造了 212 集，让"狄仁杰"的形象家喻户晓。此后，"狄仁杰"IP 的作品层出不穷。值得一提的是，从 2010 年到 2018 年，香港导演徐克拍摄了 3 部"狄仁杰电影"，把特效和玄幻玩到极致，成功吸引了一批年轻观众，进一步助推了"狄仁杰"IP 的火爆。"狄仁杰"IP是中国传统文化资源开发最为成功的一个案例。

"狄仁杰"IP 玩的主要是探案，现在又加上了玄幻元素，但反腐败斗争也是埋在其中的暗线，让观众在欣赏探案、玄幻、武打场面等场景时，也能够感受到腐败的危害和反腐败斗争的艰难，加深对腐败问题的思考和认识。可以想见，"狄仁杰"IP 的影视开发仍将继续下去，在影视领域对中国历史上反腐败斗争的呈现也将继续下去。

（3）文化旅游产品方式。文化旅游是指以文化为内在价值依托和核心吸引力，在食、住、行、游、购、娱等旅游要素中贯穿文化体验的旅游活动，是通过旅游实现感知、了解、体察人类文化的一种重要形式。近年来，随着我国城乡居民人均收入水平不断提高，旅游业蓬勃发展，文化旅游已成为旅游业丰富内涵、提高层次和质量的重要途径。文化旅游已经成为中华优秀传统文化资源最常见、最为重要的开发途径和方式。中华优秀传统文化资源中的廉洁元素也是文化旅游的重要内容，将廉洁元素嵌入文化旅游产品（如历史名人故居、历史遗迹、博物馆等）中，让广大游客在轻松愉悦的旅游氛围和文化欣赏中，体察中华传统廉洁文化，实现娱乐与教育相结合，是文化旅游的一个重要目的。近年来，各地纪委监委与文化和旅游部门一道，积极开发利用当地文旅资源特别是历史文化资源中的廉洁元素，打造廉洁文化旅游线路，成效明显。

（4）博物馆、展览馆方式。主要是利用名人故居、寺庙等历史文化遗存进行开发打造文化产品，特点是物质性和非物质性结合，不仅能够欣赏实实在在的历史器物，也能够利用其平台功能展现中华民族的精神文化，其中也包括精神性的廉洁文化。博物馆、展览馆大多是非营利性的，但作为文化载体的博物馆、展览馆是重要的文化旅游景点，是文化旅游的重要产品和载体。

链 接

▼

四川眉山三苏祠与东坡文化开发

苏轼（1037—1101），字子瞻，世称苏东坡、苏仙、坡仙，眉州眉山（今四川省眉山市）人，北宋文学家、书法家、画家，历史治水名人，与其父苏洵、其弟苏辙并称"三苏"。北宋嘉祐二年（1057年）参加殿试中乙科，赐进士及第。宋神宗时，曾在杭州、密州、徐州、湖州等地任职。元丰三年（1080年）因"乌台诗案"，被贬为黄州团练副使。宋哲宗即位后，出任翰林学士、侍读学士、礼部尚书等职，外放治理杭州、颍州、扬州、定州等地，后又被贬惠州、儋州。宋徽宗时获赦北还，病逝于常州。南宋时期，追赠太师，谥号"文忠"。

苏东坡一生仕途坎坷，屡受贬谪，但面对种种挫折他淡定自若、随遇而安，将物质和名利的追求抛诸脑后。苏东坡一生清正廉洁，是非分明，仕途多舛，但无论是顺境还是逆境都勤政廉政，努力做于国于民有益的事。阅读东坡诗词和文章，总能感受到那种旷达超脱的胸襟和乐观向上的精神境界。苏东坡曾作《六事廉为本赋》，谈古今官场最关键的廉洁问题，其中六事，即善良、能干、恭敬、正直、守法、明察，苏东坡认为清廉是六事的根本。在徐州，他亲自带领官员防洪、筑堤；在杭州，他疏浚西湖，修筑苏堤；在惠州，他引泉入城，供百姓饮用。各地的东坡井、东坡书院等，都是他为民创下的实绩。

近年来，苏东坡出生地四川眉山、居住和任职过的浙江杭州、湖北黄石（黄州）、广东惠州、海南儋州、江苏宜兴等都纷纷兴建纪念馆等，推进东坡文化开发，其中以苏东坡的出生地和青少年时期成长地——四川眉山三苏祠最为出名。三苏祠不仅是三苏纪念馆，也是四川省廉洁文化基地。眉山市东坡区纪委监委以东坡廉洁文化为主题，在三苏祠景区打造了一条"融廉于景、寄廉于城"的廉洁文化长廊，通过浮雕画、书法、七巧板等形式，展示东坡的廉洁故事、廉政诗词、警世名言。

《关于加强新时代廉洁文化建设的意见》强调："挖掘历史文献、文化经典、文物古迹中的廉洁思想，整理古圣先贤、清官廉吏的嘉言懿行，推动中华优秀传统文化创造性转化、创新性发展。"2022 年 6 月 8 日，习近平总书记到四川省眉山市考察，专程前往三苏祠。习近平总书记在参观时强调，中华民族有着五千多年的文明史，我们要敬仰中华优秀传统文化，坚定文化自信，要善于从中华优秀传统文化中汲取治国理政的理念和思维。

（5）文创产品方式。近年来，利用中华优秀传统文化元素开发文创产品蔚然成风，这也成为中华优秀传统文化资源开发新的途径和方式。文创产品向中华优秀传统文化注入现代元素，向现代文化形态注入传统文化内涵，成为推动中华传统文化的创造性转化、创新性发展的重要途径。值得注意的是，文创产品作者以年轻人为主，更加体现了中华优秀传统文化传承与创新的新面貌、新动力。就中华廉洁文化而言，很多地方和单位将现代廉洁元素与传统剪纸、绘画、手工、刺绣、装帧设计等相结合，让人在欣赏艺术美的同时，廉洁价值也浸润心田、育人无声。

（6）电视讲座方式。电视讲座的讲者往往是经过挑选的、有专精的专家学者，学术水平较高，主题精心设计，内容精挑细选，语言幽默生动，加上电视受众广，老少皆宜，传播效果非常好。近年来，以中央电视台为代表的电视媒体推出了一系列中国传统清廉文化、清廉人物、反腐败故事等讲座，起到了很好的传播效果。如中央电视台百家讲坛的"大国清官"讲座，生动讲述了狄仁杰、包拯、海瑞的故事，社会反响热烈。

此外，随着互联网新媒体的兴起，国风文化也成为网络短视频、网络游戏开发的重要素材。据2019年发布的《中国传统文化在游戏领域的转化与创新》报告，国风游戏市场已超300亿元，累计2300多款游戏作品，用户超过3亿人，是中国游戏市场不可忽视的一部分。将中华优秀传统文化中的廉洁元素融入国风文化的网络游戏，也是其中一个重要的尝试，但目前尚未见到有影响力的产品。

（二）开发的主要特点

党的十八大以来特别是党中央提出新时代廉洁文化建设以来，中华优秀传统文化中廉洁元素的开发进入了新阶段，形成了鲜明的特点。

（1）党委政府高度重视。中华优秀传统文化是新时代廉洁文化建设不可或缺的资源和依托，各地都有中华优秀传统文化资源，开发利用相对便利。习近平文化思想的提出特别是习近平总书记"第二个结合"重要理论的提出，《关于加强新时代廉洁文化建设的意见》的印发，成为包括廉洁元素在内的中华优秀传统文化资源开发的强大动力。从各地新闻报道看，全国上下已经形成了党委高度重视，纪委牵头，宣传思想、文化旅游、广播电视、教育、城乡规划等各相关部门共同参与的工作格局，形成了工作合力，努力挖掘本地历史文化资源中的廉洁元素。比如，如前所述，苏东坡的出生地四川眉山，居住和任职过的浙江杭州、湖北黄石（黄州）、广东惠州、海南儋州、江苏宜兴，安葬地河南郏县等，都在大力推进东坡文化的研究与开发，挖掘东坡文化中的廉洁元素是其中的重要内容。苏东坡这样的历史文化名人不可多得，一些地方也在因地制宜，努力挖掘和开发本地历史中被"忽略"的清官廉吏事迹，取得了不错的效果。

链 接

▼

四川犍为："一代循吏"李拔廉洁文化开发与利用

李拔（1713—1775），字清翘，号峨峰，清代四川犍为人，历任长阳、钟祥、宜昌、江夏知县，福宁、福州、长沙知府等官职，一生所撰志书有《重修犍为县志》九卷、《衡州续艺文志》四卷、《福宁府志》四十四卷、《福宁府补艺文志》四卷、《长阳县志》八卷，撰文有《四书旁注》《困学心传》等。李拔以清、慎、廉的治家为官之道闻名，在任期间先后五次受到乾隆皇帝召见，被誉为"一代循吏"。习近平总书记曾高度赞誉李拔，并以"榕为大木，犹荫十亩"类比做官与榕树精神。

近年来，犍为县委、县政府高度重视本土地情资源开发利用，着力挖掘和宣传李拔廉洁元素。犍为县档案馆与县纪委监委、县委宣传部、世纪旅游公司等多部门合作，在对大量李拔相关史料进行收集整理基础上，不断调整和完善李拔馆设计方案，选址犍为文庙试士馆建成李拔馆，先后打造了李拔家风家训、传家故事、诗词作品等廉洁文化资源，建成"李拔馆"，形成了独具犍为特色的文化品牌。

2021年10月，李拔馆正式建成并对外开放。场馆占地面积900余平方米，室内展厅面积500余平方米。室内展厅分榕为大木、耕读不辍、入仕操舟、崇俭尚廉、清白传家、榕荫后世六大版块，分别对应"循、养、政、廉、训、思"，以"榕为大木"作为开篇，以"榕荫后世"反思结尾，贯穿李拔一生，展现其求学、从政、为官、做人之道。

（资料来源：《四川犍为："一代循吏"李拔廉洁文化开发与利用》，"方志四川"百家号 2024 年 1 月 20 日）

（2）以嵌入文化产业开发为主。中华优秀传统文化中廉洁元素的开发，可分为单独开发和嵌入式开发两种形态。单独开发的产品形态主要是学术研究著作、电视讲座、一些地方的廉吏故居和事迹开发等，嵌入式开发主要是嵌入和依托文化产业来进行开发，将廉洁文化元素内含在特定的文化产品中（如文旅产品、影视剧）。相比较而言，中华优秀传统文化中廉洁元素的开发是以嵌入文化产业开发为主、单独开发为辅，嵌入式开发形成的文化产品由于受众广泛，往往能够产生更大的社会影响。比如，将中华优秀传统文化中廉洁元素嵌入文化旅游、影视制作等为代表的文化产业，产生的社会反响更大。

（3）市场力量与行政力量结合。中华优秀传统文化资源开发形成的产品，具有广阔的市场需求，市场力量是推动中华优秀传统文化资源开发的主动力。蕴含其中的廉洁文化资源的开发，自然也需要借助市场力量，也能够得益于市场力量。同时，由于文化本身的意识形态属性特别是廉洁文化所具有的鲜明的价值属性，不能忽视行政力量对中华优秀传统文化资源开发特别是其中蕴含的廉洁元素开发的规约以及推动。分析各地的开发案例可以发现，市场力量与行政力量结合，共同形成了包括廉洁文化元素开发在内的中华优秀传统文化资源开发的格局。

（4）挖掘和转化空间和潜力巨大。中华优秀传统文化是中华民族的文化基因，我们任何时候都离不开中华优秀传统文化的滋养和哺育。虽然中华优秀传统文化资源的开发已较为成熟，产品线丰富，但我们对中华优秀传统文化资源的认识仍然不足，创造性转化、创新性发展的成果仍然不足，特别是顶尖级的优秀文化产品仍然不多，中华优秀传统文化资源具备宽广的开发空间和深厚的开发潜力。对开发难度更大的廉洁元素来讲，更是如此。

（三）围绕重点不断深化开发

新时代廉洁文化建设必须用好用足中华优秀传统文化资源。如前所述，近年来，中华优秀传统文化资源中廉洁元素的开发取得了长足进展，但也存在对中华优秀传统文化资源中廉洁元素的认识和挖掘仍然不足、对马克思主义基本原理同中华优秀传统文化资源的"结合"存在不足，中华优秀传统文化资源中廉洁元素的创造性转化、创新性发展不足，中华优秀传统文化资源中廉洁元素开发形成的产品表现力不足等问题和局限，优秀作品数量不够多，等等。新时代新征程，推进廉洁文化建设，要在已有做法和经验基础上，围绕重点，不断深化中华优秀传统文化资源中廉洁元素的开发。

（1）深入实施中华优秀传统文化传承发展工程。2017 年 1 月，中共中央办公厅、国务院办公厅印发《关于实施中华优秀传统文化传承发展工程的意见》，提出到 2025 年，中华优秀传统文化传承发展体系基本形成，研究阐发、教育普及、保护传承、创新发展、传播交流等方面协同推进并取得重要成果，具有中国特色、中国风格、中国气派的文化产品更加丰富，文化自觉和文化自信显著增强，国家文化软实力的根基更为坚实，中华文化的国际影响力明显提升。近年来，各地各部门认真贯彻落实习近平总书记关于传承发展中华优秀传统文化的重要讲话和重要指示批示精神，深入实施《关于实施中华优秀传统文化传承发展工程的意见》，推出了一批深入研究阐释传统文化精华、普及文化经典的图书佳作，创作了一批体现传统文化内涵的文艺精品和创意文化产品，制作了一批讲好中国故事、具有广泛影响的电视节目，开展了一批具有地域特色、彰显中华文化魅力的文化活动，中华优秀传统文化传承发展工作取得积极成效。讲好中华廉洁文化的故事是中华优秀传统文化传承发展工程的重要组成部分，中华优秀传统文化传承发展工程为中华优秀传统文化廉洁元素的开发提供了基础和依据，要抓住中华优秀传统文化传承发展工程的契机，不断推动和深化中华优秀传统文化廉洁元素的开发，创作一批高质量的文化作品。

链　接
▼
中华优秀传统文化传承发展的主要内容

《关于加强新时代廉洁文化建设的意见》强调："结合实施中华优秀传统文化传承发展工程，汲取崇德尚廉、廉为政本、持廉守正等传统廉洁文化精华，增强文化自信和历史自信。"《关于实施中华优秀传统文化传承发展工程的意见》明确了中华优秀传统文化传承发展的主要内容，这也是推动和深化中华优秀传统文化廉洁元素开发的重要指导。

一是核心思想理念。中华民族和中国人民在修齐治平、尊时守位、知常达变、开物成务、建功立业过程中培育和形成的基本思想理念，如革故鼎新、与时俱进的思想，脚踏实地、实事求是的思想，惠民利民、安民富民的思想，道法自然、天人合一的思想等，可以为人们认识和改造世界提供有益启迪，可以为治国理政提供有益借鉴。传承发展中华优秀传统文化，就要大力弘扬讲仁爱、重民本、守诚信、崇正义、尚和合、求大同等核心思想理念。

二是中华传统美德。中华优秀传统文化蕴含着丰富的道德理念和规范，如天下兴亡、匹夫有责的担当意识，精忠报国、振兴中华的爱国情怀，崇德向善、见贤思齐的社会风尚，孝悌忠信、礼义廉耻的荣辱观念，体现着评判是非曲直的价值标准，潜移默化地影响着中国人的行为方式。传承发展中华优秀传统文化，就要大力弘扬自强不息、敬业乐群、扶危济困、见义勇为、孝老爱亲等中华传统美德。

三是中华人文精神。中华优秀传统文化积淀着多样、珍贵的精神财富，如求同存异、和而不同的处世方法，文以载道、以文化人的教化思想，形神兼备、情景交融的美学追求，俭约自守、中和泰和的生活理念等，是中国人民思想观念、风俗习惯、生活方式、情感样式的集中表达，滋养了独特丰富的文学艺术、科学技术、人文学术，至今仍然具有深刻影响。传承发展中华优秀传统文化，就要大力弘扬有利于促进社会和谐、鼓励人们向上向善的思想文化内容。

（资料来源：《关于实施中华优秀传统文化传承发展工程的意见》，中国政府网 2017 年 1 月 25 日）

（2）深化中华廉洁文化研究。研究是开发的基础，没有扎实的学术研究，中华廉洁文化得不到全面深入的分析和认识，必然会影响和制约廉洁文化作品的生产；有时甚至会误读中华廉洁文化，对宣传工作、文艺作品开发产生不利影响。中华廉洁文化博大精深，研究价值始终存在，而且会常读常新。中国历史上的腐败和反腐败问题曲折复杂，蕴含着治国理政丰富的经验和沉痛的教训，也要不断研究和总结。学术界承担着学术研究的重任，要以中华优秀传统文化传承发展工程为契机，积极投入中华廉洁文化研究，以扎实厚重的研究成果支撑思想宣传、文艺创作和廉洁教育。

（3）持续推动"两创"。"两创"是中华优秀传统文化资源开发的根本路向，是中华优秀传统文化焕发生机活力的重要动力，中华优秀传统文化资源中廉洁元素的开发也不例外。要坚持以习近平文化思想为指导，以社会主义先进文化特别是社会主义核心价值观为指引，以"两个结合"特别是"第二个结合"为动力，着眼时代需求，深入挖掘中国优秀传统人文精神、价值理念、道德规范，有效发挥学术界、文艺界、宣传思想界的人才资源优势，综合利用市场力量和行政力量，批判与建构相结合，创作出回答时代课题的、群众喜闻乐见的优秀廉洁文化作品。

（4）用群众喜闻乐见的产品说话。衡量文化建设成效的基本标准，是能否拿得出足够数量和质量的好作品。要进一步完善激励措施，推动学术界、文艺界、思想理论界等各方面力量加入中华优秀传统文化资源廉洁元素的开发中，形成系列高质量的学术作品、影视产品、文旅作品、文创产品。

四、优良家庭家风家教资源的开发利用

家是最小国，国是千万家。良好的家庭家教家风是新时代廉洁文化的重要组成部分，事关个人成长、社会和谐，事关党和国家长治久安。习近平总书记强调："不论时代发生多大变化，不论生活格局发生多大变化，我们都要重视家庭建设，注重家庭、注重家教、注重家风。"[①] 党的十九届六中全会将"注重家庭家教家风建设"写入《中共中央关于党的百年奋斗重大成就和历史经验的决议》。《关于加强新时代廉洁文化建设的意见》强调："推动廉洁教育融入家庭日常生活。"2022 年 5 月，中宣部、中央文明办、中央纪委、中组部、国家监委、教育部、全国妇联等七部委联合下发《关于进一步加强家庭家教家风建设的实施意见》，强调要"建设文明家庭、实施科学家教、传承优良家风"，"强化党员和领导干部家风建设"。从我国反腐败斗争实践看，廉洁建设要以治家为本，在"正好家风、管好家人、处好家事、

---

① 习近平：《在 2015 年春节团拜会上的讲话》，《人民日报》2015 年 2 月 18 日。

育好子女"上下功夫，这也就是"积善之家，必有余庆；积不善之家，必有余殃"。

链　接

家风仍然是个大问题

家风好，就能家道兴盛、和顺美满；家风差，难免殃及子孙、贻害社会。2018年3月全国两会期间，习近平总书记参加重庆代表团审议时指出，要把家风建设摆在重要位置，廉洁修身，廉洁齐家，防止"枕边风"成为贪腐的导火索，防止子女打着自己的旗号非法牟利，防止身边人把自己"拉下水"。

"带领全家吃老板、用老板、靠老板，享受'管家式'服务""为亲属入职金融机构打招呼""对亲属失管失教，纵容、默许亲属利用其职务上的影响谋取私利"。梳理近年来查处的违纪违法案件，不少都涉及家风问题；家教不严、家风败坏，是领导干部走向严重违纪违法的重要原因。

"周江勇和弟弟周健勇一个从政、一个经商，周江勇利用公权力为弟弟经商提供帮助。"浙江省委原常委、杭州市委原书记周江勇和弟弟联手贪腐、搞"一家两制"引发关注。"在'一家两制'腐败案件中，亲属通常依仗领导干部的特权和影响力，通过经商办企业谋取利益。"浙江省义乌市纪委监委有关负责人介绍，在这一过程中，领导干部把公权变成为亲属牟利的"私器"，支持纵容亲属违规经商办企业，在市场经济竞争中通过各种方式为家族企业站台造势，损公肥私。

"一人当官，全家多人涉案"在相关腐败案件里也多有出现，妻儿兄弟齐上阵，形成共同敛财链条。四川铁投原董事长郭勇因犯受贿罪获刑12年。郭勇带着弟弟、儿子一起贪腐，一边默许甚至帮助弟弟利用其职务影响为相关私营企业主介绍承揽工程，一边长期带儿子与私营企业主聚餐聚会，"支持"儿子以开健身房、开公司等名义收受企业老板近千万元"赞助费"。

有的是领导干部自身不正带坏了配偶子女，有的是配偶子女行为不端最终把领导干部"拉下水"，更有甚者以腐败官员为轴心形成腐败圈大搞家族式腐败，把"裙带腐败""衙内腐败"体现得淋漓尽致。一些领导干部企图带领家人"一荣俱荣"，结果一损俱损，不仅酿成夫妻、父子、兄弟、姐妹等同堂受审、同陷囹圄的亲情悲剧，还对经济发展、政治生态、社会公平产生严重危害，人民群众对此深恶痛绝。

家风建设是作风建设的重要内容，涵养纯正家风、引导党员和领导干部筑牢家庭廉洁防线，事关党风政风社风。无论是"一家两制"混淆政商关系，"官官相护"结成腐败同盟，还是"全家贪腐"齐上阵，本质都是将职权当特权、拿公权换私利，不仅自己在贪腐路上越走越远，还亲手将亲属拉进"利益共同体"，将家庭打造成"权钱交易所"，最终酿成同堂受审、同陷囹圄的家庭悲剧。

（资料来源：柴雅欣：《家风是个大问题》，《中国纪检监察报》2022 年 1 月 24 日）

家庭家教家风的内容主要是家庭理念、家庭美德、家国情怀、家庭关系、家庭追求等，共同构成了家庭观。按照中央七部委《关于进一步加强家庭家教家风建设的实施意见》的表述，我们要树立的家庭理念是忠诚相爱、亲情陪伴、终身学习、绿色生态等现代家庭理念，要传承和建立的家庭美德是尊老爱幼、男女平等、夫妻和睦、勤俭持家、邻里团结等向上向善的美德，要树立升华爱国爱家的家国情怀，建设相亲相爱的家庭关系，体现共建共享的家庭追求，传承红色家风，推动社会主义核心价值观在家庭落地生根。

从理论上讲，家庭家教家风横跨中华优秀传统文化、革命文化、社会主义先进文化，不过，从源头上看，革命文化、社会主义先进文化中的家庭家教家风资源大部分其实来自中华优秀传统文化，有鉴于此，我们将家庭家教家风资源的开发利用放在中华优秀传统文化中进行分析。

（一）传统家庭家教家风资源的内容和特点

我国传统家庭家风家教资源主要有：

（1）以儒家为代表的家庭建设思想。儒家高度重视家庭建设，儒家先贤对家庭伦理、家庭教育等有众多精辟的论述，形成了系统的家庭建设思想，有很多思想和论述在现代仍然有其价值和意义。

（2）家国一体的家国情怀。我国传统思想将家国视为同构，国是扩大了的家，家是缩小了的国，家国情怀浓厚。家国关系、家国情怀既是家庭建设的逻辑起点，也是国家伦理的重要基础。

（3）处理家庭关系的行为准则和家庭美德。比如，儒家道德的"五伦"即父子、君臣、夫妇、兄弟、朋友，其中"四伦"是关于家庭行为准则和家庭美德培育的，不少规定和要求至今仍有价值和意义。

（4）教育子女、传诸后代的家规家训。这是极具中国特色的传统文化，如诸葛亮的《诫子书》、颜之推的《颜氏家训》、朱用纯的《治家格言》、曾国藩的《家书》《家训》等。例如，朱用纯的《治家格言》被尊为"治家之经"，曾一度是儿童启蒙教育中必读课本，精辟阐述修身治家之道，是一篇著名的家教经典。

（5）积极向上的门风。门风是经过家庭若干代形成的思想行为传统和世家形象，是家庭家教家风集大成者，口耳相传，不断积淀，是家庭教育宝贵的无形资源。需要指出的是，家庭家风家教一脉相承，优良的家庭家教家风具有稳定性，传统家庭家教家风资源不仅包括我国古代家庭家教家风资源，也包括近代以来的家庭家教家风资源。

我国传统家庭家风家教资源特点鲜明：

（1）内容丰富，多姿多彩。中华民族自古以来就重视家庭建设，家庭家风家教资源类型众多，内涵深刻，特色鲜明。

（2）儒家是主流，也最为出彩。中华文明中，儒家思想具有定于一尊的地位，我国传统的家庭家教家风大体都可归于儒家思想领域，儒家思想对家庭家风家教的论述也最为出彩，值得研究和继承发扬。

（3）意义重大，相当部分仍具有时代价值。历经时代变迁，不可否认一些思想和论述已不合时宜，但我国传统家庭家风家教思想和实践总体上仍具有时代意义，传统的家庭家风家教资源仍具有开发价值。正如习近平总书记指出的："尊老爱幼、妻贤夫安，母慈子孝、兄友弟恭，耕读传家、勤俭持家，知书达礼、遵纪守法，家和万事兴等中华民族传统家庭美德，铭记在中国人的心灵中，融入中国人的血脉中，是支撑中华民族生生不息、薪火相传的重要精神力量，是家庭文明建设的宝贵精神财富。"①

（4）"日用而不觉"。家风家教是一种日常生活方式，已经成为习惯，我们身在其中却不觉。这是家风家教特点所在，也是家庭家风家教资源最具价值和意义的地方。

链　接

中国传统儒家家教家风思想

早教利功倍。《颜氏家训》曰："人生小幼，精神专利，长成已

---

① 《习近平关于注重家庭家教家风建设论述摘编》，中央文献出版社 2021 年版，第 10 页。

后，思虑散逸，固须早教，勿失机也。"康熙《庭训格言》曰："谕教宜早，弗敢辞劳。"

忠孝以立身。《林氏家训家规》强调忠孝："孝始于事亲，终于报国，移孝以作忠，即显亲以全孝，此为大孝""孝为立身大本。若不孝于亲则不能忠于国；必反为社会之蠹虫"。

立志以成事。曾国藩《家书》曰："志不立，天下无可成之事""不为圣贤，便为禽兽；不问收获，但问耕耘""天下古今之庸人，皆以一'惰'字致败""一处弛则百处懈"。《颜氏家训》倡立志教育："修身齐家，为学治世。"

立德遗子孙。朱熹《家训》曰："有德者，虽年下于我，我必尊之；不肖者，虽年高于我，我必远之。"司马光《温公家范》曰："贤者居世，以德自显。"《林则徐家训》曰："贤而多财，则损其志；愚而多财，则增其过。"

训俭以示子。司马光《训俭示康》曰："由俭入奢易，由奢入俭难。"诸葛亮《诫子书》曰："静以修身、俭以养德。"朱柏庐《治家格言》曰："一粥一饭，当思来处不易，半丝半缕，恒念物力维艰。"

督学以立本。《列女传·母仪》曰："孟子生有淑质，幼被慈母三迁之教。"《颜氏家训》曰："若能常保数百卷书、千载终不为小人""积财千万，不如薄伎在身。伎之易习而可贵者，无过读书也"。

"宗法"警后世。《包拯家训》载宗法："后世子孙仕宦有犯赃滥者，不得放归本家；亡殁之后，不得葬于大茔之中。不从吾志，非吾子孙。仰工刊石，立于堂屋东壁，以诏后世。"

（二）深化优良传统家庭家教家风资源的开发利用

党的十八大以来，我国家庭家教家风资源开发利用不断推进，有传统的纸质出版物，有街头常见的宣传标语，也有电视媒体、网络新媒体制作的精美视频。当前，我国传统家庭家教家风资源的开发利用，需要关注以下几个方面：

（1）进一步深化传统家庭家教家风资源的挖掘。传统家庭家教家风资源极为丰富，除耳熟能详的《颜氏家训》《朱子家训》《曾国藩家书》等之外，还有很多地方性的传统家教家风资源。因为挖掘力度不足，很多还"藏在深闺人未识"，没有发挥应有的作用。各地纪检监察机关和宣传部门、文化和旅游部门、教育部门、群团组织等可组织地方史志专家学者梳理本地传统家教家风资源，系统收集整理本地家教家风历史名人和历史遗存，形成文字资料，建设有地方特色的家庭家教家风资源库，不断开发新的家教家风文化产品。

链　接
▼

南雄广府人家训馆揭幕开馆

位于广东省南雄市（县级市）的珠玑巷，有"广东第一巷"之称，是中华民族拓展南疆的中转地。从珠玑巷迁播出去的姓氏至今已达 180 多个，其后裔繁衍达 7000 多万人，遍布海内外。珠玑巷被称为广府人的祖居之地，是中国三大寻根地之一，是广府文化的发祥地，被誉为"中华文化驿站，天下广府根源"。

2018 年 10 月 9 日，历时半年多打造的传承和弘扬优秀传统文化的新名片——珠玑巷广府人家训馆正式开馆，标志着南雄市加强家风建设、弘扬传统文化有了新阵地，广大珠玑巷后裔、南雄本地干部群众传承优秀家风家训、践行社会主义核心价值观有了新平台。

该馆位于南雄市珠玑古巷景区内，于 2018 年 3 月动工建设，展陈面积约 1430 平方米。家训馆以"弘扬传统文化、传承家风家训"为主题，包括家风家训（56 个姓氏）、姓氏典故（36 个）、广府精英和好家风长廊四个方面的内容，通过木刻展板、多媒体和声光电等形式，展现"诚信、孝道、和睦、实干"等优秀家风家训，供包括珠玑巷后裔在内的广大游客、本地党员干部和青少年学习传承，以"春风化雨润无声"般的无声教育，给子孙后代带来情感滋养和道德熏陶。

南雄市珠玑梅关景区管理中心有关负责人表示，家风家训是中华优秀传统文化的重要组成部分，也是培育良好党风政风社会风气的重要基石。南雄是"中国姓氏文化名都"，广府人家训馆的投入使用，将进一步擦亮"姓氏文化"品牌，极大地提升南雄姓氏文化感染力和影响力。

就广东全省而言，为传承弘扬好家教好家风，2020 年，广东省妇联、广东省文明办联合印发《关于命名广东省首批家教家风实践基地的通知》，命名广州市番禺区沙湾古镇、深圳市甘坑客家小镇等 10 个单位（机构）为广东省首批家教家风实践基地，迄今已先后四批共命名 22 个"广东省家教家风实践基地"，实现全省 21 个地市全覆盖。广东省家教家风实践基地涵盖历史古村落、文化古迹、名人故居、家训馆、廉政教育基地、爱国主义教育基地等多种类型，通过多种形式弘扬好家教好家风，将家国情怀、优良家风真切厚植于群众心中。

（资料来源：《南雄广府人家训馆揭幕开馆，打造优秀传统文化新名片》，"南方+"客户端 2018 年 10 月 10 日）

（2）对传统家教家风进行现代解读。家教家风属于上层建筑范畴，建立在特定的经济形态和政治形态之上。我国传统家教家风主要形成、发展于奴隶社会和封建社会，其中有不少观点主张与社会主义家庭文明的要求不一致，已不合时宜。要坚持具体问题具体分析，对传统家教家风进行鉴别，取其精华、去其糟粕；对仍然具有价值和意义的传统家教家风内容，也要以社会主义核心价值观为指导，进行符合现代家庭文明要求的解读。比如，《颜氏家训》是我国传统家教家训的集大成者，很多内容仍然具有价值和意义，但也有不少内容在今天看来有明显偏颇。如《颜氏家训》"教子篇"讲，"上智不教而成，下愚虽教无益，中庸之人，不教不知也"，且不说将青少年简单区分为"上智、下愚、中庸"存在严重歧视，"不教而成""虽教无益"明显不符合现代教育原则和规律。在传统家教家风开发利用中，应当多利用具有突出的现代价值、不会引发争议、接地气和生动活泼的家教家风，如下文案例中的周恩来总理的"十条家规"。

链 接

▼

伟人之根——周恩来的家庭家教家风故事

新中国成立后，周恩来总理的不少故乡亲友给他写信，想在新政府里谋得一官半职。周总理十分反感这种任人唯亲的腐朽作风，认为新社会不能搞旧社会的裙带关系。为此，他专门召集身边亲友开了一个家庭会议，并定下了著名的"十条家规"：

一、晚辈不准丢下工作专程来看望他，只能在出差顺路时去看看；

二、来者一律住国务院招待所；

三、一律到食堂排队买饭菜，有工作的自己买饭菜票，没工作的由总理代付伙食费；

四、看戏以家属身份买票入场，不得用招待券；

五、不许请客送礼；

六、不许动用公家的汽车；

七、凡个人生活上能做的事，不要别人代办；

八、生活要艰苦朴素；

九、在任何场合都不要说出与总理的关系，不要炫耀自己；

十、不谋私利，不搞特殊化。

导演过向宏深感周恩来总理家教家风的意义，想通过展现周恩来总理的家教家风，让全社会充分认识到家庭和睦、家教得法、家风优良对人的成长的意义所在。过向宏团队克服重重困难，拍摄了纪录片《伟人之根——周恩来的家庭家教家风故事》，并在中央新影发现之旅频道播出。"这部纪录片是在疫情情况下抢救性拍摄制作的，自播出后线上观看人数超过 2000 万人次，是我们家乡人民缅怀周恩来总理丰功伟绩、学习弘扬周恩来崇高品质、推动家庭建设和文化旅游的一次有益尝试。"过向宏说。

（资料来源：《一代领袖家风美谈》，中央纪委国家监委网站 2014 年 4 月 29 日；《讲好周恩来童年故事　助推淮安高质量发展》，《淮海商报》2023 年 4 月 7 日）

（3）增强资源开发利用的针对性和实效性。当前，传统家庭家教家风资源开发利用主要有学术论著、通俗读物、宣传画和宣传口号、讲座、网络短视频、名人故居、展览馆等形式，开发途径和呈现方式较为多样，实践中也取得了不错的成效。但需要注意的是，从党风廉政建设的角度讲，家庭家教家风建设针对的主要还是党员干部及其家庭。正如习近平总书记所言，"大量腐败案例表明，很多人什么关都能过，生死关也能过，但亲情关过不去，最后栽在了这个问题上。对家里那点事，要多操点心，多听听各方面反映，有了问题要敢抓敢管，再难也要硬起头皮来管，一要管住，二要管好"，要"把家风建设作为领导干部作风建设重要内容"。① 传统家庭家教家风资源的开发利用，要针对党员干部家庭家教家风存在的实际问题，无论是内容开发还是形式创新，都要突出针对性、实效性、吸引力，既要开发积极正面的传统家教家风人物典型，也要全面呈现封建家庭观念的巨大危害和负面影响，让党员干部及其家庭成员既得到道德滋养，也受到思想警醒。

---

① 《习近平关于注重家庭家教家风建设论述摘编》，中央文献出版社 2021 年版，第 35、34 页。

第五章

廉洁文化反面资源的开发利用

《关于加强新时代廉洁文化建设的意见》指出，新时代廉洁文化建设，既要充分发挥革命英雄、建设楷模和时代先锋的精神引领、典型示范作用，也要强化警示震慑，做到警钟长鸣，"挖掘警示教育资源，深刻剖析违纪违法典型案例，充分运用忏悔录，制作警示教育片，建好用好警示教育基地，深化以案促改、以案促治，让党员、干部受警醒、明底线、知敬畏"。也就是说，推进新时代廉洁文化建设，既要充分发挥社会主义先进文化、革命文化、中华优秀传统文化资源启智润心、涵养道德的积极作用，也要充分做好廉洁文化反面资源的开发，充分发挥反面材料的警醒警示作用。

一、廉洁文化反面资源的特征、类型和特殊价值

廉洁文化反面资源，是指包含的内容主要是表现腐败价值观、腐败行为、腐败现象以及违法违纪、不正之风及其后果的各种资源，也可称为"警示教育资源"。廉洁文化反面资源的开发利用，首先要明确其特征、类型和特殊的价值所在。

（一）廉洁文化反面资源的特征

廉洁文化反面资源有四个突出的特点：

（1）内容的消极性。内容主要是负面的、消极的，与廉洁价值观相悖，这是其被称为反面资源的缘由所在。

（2）目的的积极性。资源开发利用的目的是正面的、积极的，有利于促进廉洁文化建设的。换言之，对这些资源的开发利用，是要通过对反面材料的剖析，把握腐败发生演变的特征和规律，给予后来者强烈的警示和教育，促进廉洁价值观的养成和廉洁行为的培育。正如《关于加强新时代廉洁文化建设的意见》强调的："组织开展我国反腐倡廉历史研究，把握腐败导致人亡政息的历史规律，运用历史智慧推进党风廉政建设。"

（3）数量的丰富性。腐败现象与人类社会发展相伴随，人类历史上腐败案例数不胜数。近年来，随着我国反腐败斗争不断深入，查处的案件越来越多，反面资源也愈加丰富。不过，腐败案件的具体信息掌握在纪委监委、检察院、法院等国家机关手里，普通人了解不多。

（4）内容的吸引性。俗话说，幸福的家庭都是千篇一律的，不幸

的家庭各有各的不幸。廉洁奉公可以说是千篇一律的，腐败现象却各具特色。人都是有好奇心的，对如何能够做到廉洁奉公有好奇心，对花样繁多的腐败动机、腐败行为更有好奇心。对腐败现象的呈现和剖析，于普通人来讲更具吸引力。从廉洁文化建设的角度讲，要利用社会公众的好奇心，适度使用反面案例来增强廉洁文化作品的吸引力，增强党员干部和社会公众廉洁教育的有效性，给予其深刻警示。

（二）廉洁文化反面资源的类型

按照时间来划分，有历史反面资源和现实反面资源之分。从反面资源形成的时间讲，过去的都是历史，所有的资料都应是历史资源，这种说法过于宽泛，意义不大。党的十八大是一个重要的时间节点和分水岭，我们可以把党的十八大之前的反面资源划入廉洁文化资源中的历史反面资源，把十八大后的反面资源划入廉洁文化资源中的现实反面资源。廉洁文化历史反面资源数量多，内容丰富，具有长时段分析的价值和意义；现实反面资源则更具针对性和现实性，能够更好地呈现腐败问题的现状和反腐败斗争的严峻形势，具有更强的教育意义。

按照程度来划分，可分为严重违纪违法案例资源、轻微违纪违法案例资源、灰色地带案例资源。严重违纪违法案例最具震撼性，也最能够满足普通人的好奇心，要充分利用。轻微违纪违法案例往往是发生在大家身边的人和事，具有一定的普遍性，用身边事教育身边人，教育意义突出。灰色地带案例是指没有明确的制度规定，但不符合党的宗旨、优良传统和纪律法律精神的案例资源，这些案例资源往往存有一定的社会争议，但也正因为其不明确和存在争议，才更显其独特的教育意义和启发价值。

按照资源案例中的人的地位职权和涉案人数划分，可分为"一把手"腐败案例资源、"窝案"资源、家族式腐败案例资源、普通党员干部案例资源等。对"一把手"的有效监督始终是一个难题，"一把手"腐败现象层出不穷，教训极为深刻。据媒体报道，一些地方腐败落马的干部，超过半数落马时是所在单位或部门"一把手"或曾经当过"一把手"。"一把手"是廉洁教育的重中之重，"一把手"腐败案例教育性、警示性最为突出，要善于开发利用。"窝案"是指涉及多名党员、干部的腐败案件，相关人员在案件相互关联。党的十八大以来，纪检监察机关查处的"窝案"不断增加，能源、国土、规划、交通、国企、粮食、供销等系统"窝案"频发。"窝案"的特点是涉及的党员干部人数多，组织性、隐蔽性强，涉案金额巨大，查处难度大。"窝案"还往往涉及"一把手"，政治问题与经济问题交织，严重破坏党内政治生态和党风、政风、社会风气，危害极其巨大。"窝案"资源有很大的开发价值，能够起到强烈的震撼性教育作用。家族式腐败是以家族为单位、以家族成员为主要参与人的腐败现象，所谓"夫妻店""父子兵""兄弟连""叔侄坊"等就是家族式腐败图景的写照。很多家族式腐败也同"一把手"腐败连在一起，其他家族成员紧密围绕和荫庇于担任领导干部特别是"一把手"的家族成员，利用公权力为家族和自身谋取非法利益，腐败行为隐蔽，查处难度极大。党的十八大以来，以习近平同志为核心的党中央高度重视家族式腐败问题，对家族式腐败查处力度不断加大，案例资源不断增加。党员干部腐败占腐败的大多数，案例资源多，开发成本低，是利用身边事教育身边人的好材料。

链　接

家族式腐败的生成逻辑及其治理路径

家族式腐败是近些年来我国各种腐败行为中的典型，家族式腐败的产生及蔓延，对整个政治生态、社会生态和市场经济发展具有极强的破坏力。以习近平同志为核心的党中央多次要求，各级领导干部要注重家庭、家教和家风，切实管好配偶、子女等亲属，决不能纵容默许他们借助自己的权力牟利。

家族式腐败的生成，是权力、利益、亲情和制度四重因素交叠作用的结果。第一，公共权力是家族式腐败发生的基础工具。公权力具有天然的腐蚀性与扩张性，未得到有效监督的权力，其腐蚀性和扩张性会最先体现在掌权者身上，而后便延及掌权者的身边人。第二，追逐利益是家族式腐败发生的内在动力。官员腐败说到底是利益的驱动。通过对相关案件的观察与分析可以发现，小族群利益驱动是催生家族式腐败的一个重要因素。第三，亲缘关系是家族式腐败发生的外在诱因。犯罪行为的实施，需要一个适宜实施犯罪的外在客观环境，人际关系起着至关重要的作用。对于不道德的腐败行为来说，其实施与否也受外部环境尤其是家庭环境影响，如配偶、子女等近亲属的鼓动、教唆、怂恿等，都极有可能诱发行为主体产生腐败动机。第四，制度缺陷是家族式腐败发生的根本因素。制度安排是否完善，直接影响着腐败行为发生的机会及机会的多寡。譬如，利益冲突管理机制不完善、官员个人事项报告制度有漏洞等，都易给官员及其家族亲属合谋贪腐、利益输送及家族裙带提拔等创造滋生家族式腐败的机会。

针对家族式腐败的生成逻辑，要从培育良好家教家风、加强对权力的监督制约、实施利益回避、健全完善制度等方面着手，构建防治家族式腐败的长效机制。一是要涵育廉洁家风，规范官员与家庭成员之间的亲情关系；二是要强化权力监督，斩断官员与家族成员共谋的利益链条；三是要实施利益回避，降低官员为亲属输送利益的发生概率；四是要完善廉政制度，压缩官员与家族成员共同贪腐的滋生空间。

（资料来源：何旗：《家族式腐败的生成逻辑及其治理路径》，《中州学刊》2019 年第 1 期）

按涉案人员工作领域划分，有国家机关反面案例资源、事业单位反面案例资源、国有企业反面案例资源、外资企业反面案例资源、民营企业反面案例资源等。不同领域和单位的反面案例资源，对本系统、本单位的廉洁教育具有特殊的价值，能够很好地起到用身边事教育身边人的目的，同时，对剖析特定领域腐败发生的原因、提出预防和化解腐败现象的对策，也有重要意义。

（三）廉洁文化反面资源的特殊价值

廉洁文化建设既要开发利用积极的、正能量的资源，也要适度开发反面资源，这是因为反面资源也有其价值，甚至有一些正面资源难以实现的特殊价值。

（1）反面资源故事性强，能够从另外一个角度讲好廉洁故事，受众喜闻乐见。就受众的角度来讲，反面人物的故事永远比正面人物的故事曲折、神秘和出彩，传播性更强，这也是为什么香港和好莱坞黑帮电影能够更加出彩、票房大卖的原因。近年来，内地反腐剧受到追捧，正风肃纪纪录片引发热议，原因也是如此。有效开发和利用反面资源，从另一个角度讲述廉洁故事，传播性更强，观众喜闻乐见，何乐而不为?!

（2）通过对反面案例的呈现和解剖，开展"震撼式教育"，能够产生正面资源难以起到的教育和警示效果。如果把廉洁文化正面资源产生的教育效果称为"滋润式教育"，那么，可以把利用反面资源开展的教育称为"震撼式教育"。通过对反面资源中腐败人物的错误观念、违纪违法行为及严重后果的呈现，让受众受到"震撼"，让其真切体会腐败给党和国家、给家庭、给自身带来的毁灭性后果，引导社会公众深入反思自己的思想和行为，从而起到廉洁教育的效果。这也就是常说的"动员千遍，不如问责一次"的原因和意义所在。

（3）通过反面资源对特定地域、行业、单位的腐败问题进行具体呈现和剖析，能够对廉洁文化建设提供具体的、针对性的思路和对策。不同的地域、行业、单位，腐败的产生既有共性的原因，但同时也有很多自身特定的因素。深化新时代廉洁文化建设，要根据各地区、各行业以及不同单位的特点和情况，把腐败现象的表现、腐败产生的原因、腐败造成的后果等一一细致掰开，作全面系统的呈现，进行深入细致的剖析，作为廉洁教育素材广而告之，如此才能更好地发挥廉洁教育的效果，推动廉洁文化建设。要做到这点，就必须开发和利用一个个不同地域、行业的反面个案。比如，医药行业是一个具有特殊性的行业，医药行业当前是反腐败工作的重点领域，已经掀起了反腐风暴，将查获的反面案例特别是具有典型性的案例进行细致剖析，开发成为警示教材，用于开展医药行业从业人员廉洁教育，效果会远高于一般的正面教育，也高于从其他行业"舶来"的教育材料。

链　接

▼

供销合作系统腐败多为"一把手"涉案，窝案串案频发

供销合作社源于计划经济时期，一头连着"三农"，一头连着城镇，历史悠久，网点广布，是促进农村经济社会发展的重要力量，在农业农村发展、保障商品供给、服务群众等方面作出了重要贡献。

供销合作社是合作经济组织，组织成分多元，资产构成多样，既有机关和企业，又有事业单位和协会，大多开展市场化经营，廉洁风险点多，更需要加强监督。

从已查处的供销合作系统腐败问题来看，安徽省纪委监委有关负责人总结了如下共性特点：一是"一把手"涉案较多，政治问题与经济问题交织；二是利益交织，窝案、串案现象突出；三是权力集中的岗位呈现高风险；四是顶风违纪现象严重，涉案金额大，贪腐手段隐秘；五是违纪违法干部在生活上追求享乐，大多存在生活作风问题。

北京市供销合作总社原党委书记、理事长高守良不知何为"四个意识"，台上讲党课、倡反腐，台下大肆索贿受贿，对党的领导不以为然，其他班子成员为个人私利，不履行党组织赋予的职能和工作职责，对高守良公然违规的行为既不旗帜鲜明反对，也不向上级党组织反映，有的甚至还刻意迎合。

在个别案发单位，民主集中制原则遭到破坏、流于形式。班子成员不严格按照分工开展工作，"一把手"统管人、财、物、事；一些重大事项决策不集体决策；会议研究违反议事程序，"一把手"大搞"家长制""一言堂"，首先发表倾向性言论，或者在参会人提出异议的情况下以"原则通过"不予采纳，将会议决定变成"走过场"。

供销合作系统暴露出的一些违纪违法问题，或与其集体所有制的制度和监管漏洞、制衡失灵不无关联。供销合作社的集体合作经济组织性质，决定了其资产系集体所有而非国有。在一些地方，当地国资委对其没有资金监管的法定职责，仅负责其党的关系和领导干部管理，上级监督缺乏着力点；广大社员职工对供销合作社的了解、参与程度低，不能进行有效监督；班子成员内部的监督制衡作用无法发挥，对于"一把手"公开不执行上级有关决定或执行打折扣等行为，班子成员或不提反对意见，或提了意见也不被采纳；监督严重缺位，如某地供销合作社纪委，党的十八大以来收到 97 件举报线索，初核数和立案数却均为零。

推进供销合作系统党风廉政建设，要全面梳理近年来供销合作系统发生的违纪违法案例，精心选择其中的典型案例制作成教育材料用于供销合作系统的廉洁教育，增强廉洁教育的针对性、"震撼性"。

（资料来源：《涉案多为"一把手"，贪腐手段隐秘……供销合作系统反腐透视》，新华网百家号 2020 年 4 月 10 日）

二、廉洁文化反面资源开发利用的途径和方式

跟正面资源一样，廉洁文化反面资源也有多种开发途径和方式，作品或产品形态丰富。

（一）学术研究

廉洁文化反面资源蕴含的学术研究价值、理论阐释价值，一定程度上还高于正面资源，这是因为，廉洁文化反面资源蕴含着更加丰富的治国理政和历史演变信息，通过对反面资源的剖析，能够更加清晰地看到历史的常态与非常态，透视历史周期率发生的过程及结果，得出深刻的启示和警示，为跳出治乱循环的历史周期率提供方案和对策。习近平总书记对比中国历史上的治世和乱世，感叹道："回顾封建王朝的兴衰更替史，不难看出：有些封建王朝开始时顺乎潮流、民心归附，尚能励精图治、以图中兴，遂致功业大成、天下太平，但都未能摆脱盛极而衰的历史悲剧。导致悲剧的原因很多，其中一个共同的也是极其重要的原因就是统治集团贪图享乐、穷奢极欲，昏庸无道、荒淫无耻，吏治腐败、权以贿成，又自己解决不了自己的问题，搞得民不聊生、祸乱并生，终致改朝换代。"[1] 从习近平总书记的论述不难看

---

[1] 《习近平著作选读》第 2 卷，人民出版社 2023 年版，第 103 页。

出，廉洁文化反面资源一定程度上带来的启发更大、警醒更深。

正因为廉洁文化反面资源特有的研究价值，学术研究是廉洁文化反面资源重要的开发利用途径和方式。2010年初，中央纪委、中央宣传部、监察部、文化部、广电总局、新闻出版总署联合下发《关于加强廉政文化建设的意见》，学术界兴起了廉政文化研究的高潮，其中一个重要研究内容就是关于我国历史上和现实中的腐败问题的研究，出版了一批有分量的学术论著。党的十八大以来，随着反腐败斗争不断深入，学术界对腐败现象产生的原因、近年来腐败现象的新特点以及"一把手"腐败、家族式腐败、特定行业腐败现象以及新型腐败、隐性腐败的研究不断深入，所利用和依据的主要是反面材料，即官方公布的腐败现象数据和案例，可见，学术研究主要还是依靠对反面资源的开发利用。此外，腐败问题海外研究著作的译介工作也不断推进，一批有影响的腐败问题学术著作被翻译成中文出版。

有关廉洁文化反面资源的学术研究，创作主体主要是学术界、思想理论界，作品对象主要是知识分子、专家学者、党政干部以及有兴趣的社会公众，相对来说受众面较窄，但意义重大，因为，理论研究具有先导性和打基础的作用，理论研究全面透彻，能够为反腐败文艺作品、警示教育案例等其他形式的创作设置议程，指出正确的方向，提供合理的解释框架，避免不必要的社会争议。

2022年2月，中共中央办公厅印发《关于加强新时代廉洁文化建设的意见》，将"廉政文化"概念发展为"廉洁文化"，廉洁文化建设内涵进一步深化，外延进一步拓展，也为学术研究提供了新的契机。学术界、理论界正抓住契机，不断深化对反面材料的利用，以高质量的学术成果助力新时代廉洁文化建设和一体推进"三不腐"（不敢腐、不能腐、不想腐）。

（二）警示教育案例开发

制作警示教育案例是廉洁文化反面资源特有的用途，廉洁警示教育案例是廉洁文化反面资源特有的产品，它能够起到"震撼式教育"的作用，对廉洁教育具有重要和特殊的意义。从实践看，警示教育案例开发主要有以下几种途径：

（1）编写廉洁警示案例著作。公开出版物方面，以方正出版社、党建读物出版社等出版机构最为知名。近年来，方正出版社出版了一系列腐败和正风肃纪典型案例，以案例为基础编写廉洁教育读本，取得了良好的社会效果。此外，各级纪检监察机关也根据廉洁教育的实际需要，从本地违纪违法案例中选取典型，编写供自己内部使用的警示教育案例。

（2）拍摄警示教育专题片。拍摄正风肃纪和反腐败专题片并在电视台公开播放，以此开展警示教育，并展示党风廉政建设和反腐败斗争成果，已成为党的十八大以来的一个惯例。专题片推出的时间往往是在每年中央纪委全会和省级纪委全会召开前夕。

链 接
▼

多省份反腐专题片集中上新，揭露数个系统腐败案

2024 年新年刚过，多个省份密集推出反腐专题片。这些专题片既聚焦群众身边的"蝇贪蚁腐"，也将镜头对准了多个系统性甚至塌方式腐败案。

由湖南省纪委监委与湖南广播电视台联合摄制的电视专题片《忠诚与背叛——2023 湖南正风反腐警示录》，2024 年 1 月 31 日至 2 月 1 日在湖南卫视播出。专题片选取了 17 个典型案例，以学习贯彻新修订

的《中国共产党纪律处分条例》为主线，以剖析政绩观错位、权力观扭曲，家教不严、家风败坏，行业性、系统性腐败和"四风"问题为重点，通过条文引用、案例纪实等方式，以案释纪，以案说法，以案示警，向全社会持续释放越往后越严的强烈信号，坚决打赢反腐败斗争攻坚战持久战。湘西州原州长龙晓华、湘潭市委原书记曹炯芳、湖南省农业农村厅原厅长袁延文等人都在专题片中露面。

由山西省纪委监委宣传部与山西广播电视台联合摄制的三集电视专题片《护航》，2024 年 1 月 27 日至 29 日晚在山西卫视播出。第一集《优化环境》聚焦优化营商环境，选取治理"两不一欠"问题专项工作、开发区问题专项整治等方面的典型案例，展示山西纪检监察机关以强有力政治监督护航营商环境、以正风反腐治乱净化营商环境、以专项治理整治优化营商环境，以"硬监督"提升营商环境"软实力"。第二集《风腐同治》聚焦风腐同查同治，选取晋能控股集团系列腐败案、运城市原副市长杨彦康严重违纪违法案等典型案例，展示山西纪检监察机关坚持一体推进不敢腐、不能腐、不想腐，不断拓展反腐败斗争深度广度，持续净化政治生态。第三集《护佑民生》聚焦民生领域整治，选取乡村振兴、"三个一批重点村社"监督治理、房屋产权登记确权颁证清零行动等方面的典型案例，展示山西纪检监察机关围绕关系民生福祉的领域和行业，有力惩治群众身边的腐败问题和不正之风。

2024 年 1 月 25 日至 27 日，由海南省纪委监委与海南广播电视总台联合摄制的三集电视专题片《利剑护航自贸港Ⅱ》在海南卫视、海南新闻频道晚 8 点档同步播出。专题片共选取 15 个案例，采访纪检监察干部、有关审查调查对象及涉案人员、干部群众 100 余人，透过具体的案例，运用夹叙夹议、剖析点评、系统梳理等方式，讲述了海南坚持党的自我革命永远在路上，一体推进"三不腐"，一刻不停正风肃纪反腐的实践探索。

由贵州省纪委监委与贵州广播电视台联合摄制的三集电视专题片《决不姑息——贵州正风肃纪反腐》2024 年 1 月 18 日起在贵州卫视播出。三集专题片分为《净化政治生态》《坚持风腐同查》《坚守人民立场》，选取了 13 个典型案例。专题片提到，贵州省委政法委原副书记刘文新案是迄今为止贵州省纪检监察机关查办的涉案金额最大的案件。

（资料来源：钟煜豪：《多省份反腐专题片集中上新，揭露数个系统腐败案》，澎湃新闻 2024 年 1 月 30 日）

（3）拍摄忏悔录。忏悔录一般是被审查的党员干部在系统梳理自身错误，深刻反思思想根源的基础上撰写的文字材料，是被审查人对自身错误思想、违纪违法行为的描述、反思、悔悟，记录了被审查人思想认识的转变历程，具有很强的警示教育作用。将违纪违法人员的忏悔录拍摄成视频，在有关单位内部播放，达到利用身边事教育身边人的目的，是党风廉政教育的传统做法。近年来，忏悔录视频也通过互联网、电视等媒体向全社会播出，警示教育效果进一步放大，成为忏悔录开发利用新的途径和方式。比如，中组部主办的共产党员网（www.12371.cn），就有专门的违纪违法忏悔录专栏，既有文字材料，也有视频。

链　接

落马官员忏悔录：顺风顺水时最容易放松自我约束

1. 违纪违法干部情况

谭涵之，男，汉族，1982 年 10 月出生，重庆市荣昌区卫生健康委员会原党委委员、荣昌区卫生健康综合行政执法支队原支队长。

2022 年 3 月，谭涵之因涉嫌严重违纪违法，接受重庆市荣昌区纪委监委纪律审查和监察调查。2022 年 7 月，谭涵之被开除党籍和公职，其涉嫌犯罪问题移送检察机关依法审查起诉。2023 年 7 月，谭涵之因犯受贿罪，被判处有期徒刑三年九个月，并处罚金 25 万元。

2. 忏悔书（节选）

我喜欢结交朋友，也信奉"朋友多了路好走"的处事观念。工作以来，不断有新的朋友一路相识，从体制内到体制外，各种身份的都有，大家聚在一起，不管什么人都把"哥"给你喊起，吃饭时主位永远都是给你留起，你说的话始终都有人听从、有人照做，自己不可自拔地沉迷在这种众星捧月的虚无状态中。

但一帮朋友究竟因何走到一起，自己却从未思考过、探究过。其实古语箴言中早有论调"天下熙熙，皆为利来；天下攘攘，皆为利往"。这些人之所以与自己结交，无不是冲着自己的身份和权力而来。

在被留置前，可以说我是一个被命运垂青的人。我 27 岁走上领导岗位、35 岁担任正处级领导、37 岁上派到市级机关挂职，这一路都是组织的培养、领导的知遇和同志们的帮助。

顺风顺水的仕途发展态势，让自己沉浸于不断放大的成长优越感之中，从而放松了自我约束、自我警戒、自我修养，对于自己小错不断的违纪行为和收受贿赂的违法犯罪行为，自己从未反省过、纠正过，直至组织函询相关问题，自己才如临大敌、慌张失措。自己也曾想过主动向组织交代坦白，但面对事业的不舍、家人的愧疚，始终迈不出这一步。

顺畅的发展经历，让自己对所获所得缺乏"来之不易、倍加珍惜，如临深渊、如履薄冰"的珍重感，导致自己没有做到时刻谨小慎微，而是麻痹大意，大而化之，缺乏底线思维和忧患意识，从而行差踏错、南辕北辙。古诗有言"泾溪石险人兢慎，终岁不闻倾覆人，却是平流无石处，时时闻说有沉沦"，如今我已是舟沉人覆，悔之晚矣。

（资料来源：《警钟丨顺风顺水时最容易放松自我约束》，共产党员网2024年1月31日）

（三）文艺作品创作

反面资源是小说、影视等文艺作品创作的重要来源，党风廉政建设和反腐败斗争反面资源尤其如此。这是因为，反面案例能够满足社会公众的猎奇心理，再经过创作者的加工和艺术渲染，情节跌宕起伏，对读者和观众有很强的吸引力。

小说是传统的艺术形式，受众面非常广，官场小说、反腐小说历来具有市场。晚清文学家李伯元创作的长篇小说《官场现形记》，是晚清文学代表作品之一，内容是对清末官场腐败现象的全面描述和深刻鞭挞，至今仍受读者欢迎。20世纪90年代以来，官场小说兴起，其中既有对清官廉洁奉公的刻画，也有对官场"潜规则"和各种腐败行为的深度描写；不少知名作家投入官场小说创作，涌现出了一批有价值的作品，让官场小说风靡一时。近年来，官场小说虽然出现一定程度的颓势，但由于互联网传播的加持，读者群仍然庞大，仍有声势。反腐小说更具社会影响力，近年来，一些反腐小说被改编成电视剧播出，引发很大的社会反响。比如，反腐小说代表性作家周梅森的《人民的名义》，据说其中的腐败人物大多都是现实原型，所描述的腐败情节皆有所本。

影视创作是近年来廉洁文化反面资源开发最引人注目的形式，虽然数量不多，但往往能够引发强烈的社会反响。2017年周梅森的小说《人民的名义》拍摄的同名电视剧在湖南卫视播出，收视率突破8%，刷新了近十年来省级卫视收视的最高纪录。该剧在"2017非凡盛典"

上获得"互联网时代最具影响力影视作品奖",总监制李学政获"最具工匠精神发行奖"、"特别贡献"奖和"2017 工匠中国年度十大人物奖",该剧两位演员吴刚、张志坚荣获第 23 届上海电视节白玉兰奖最佳男配角奖。2018 年 3 月,该剧入围第 31 届中国电视剧飞天奖提名名单;同年 4 月,该剧入围 2017 中国电视剧行业新标杆品牌奖。2023 年初,反腐电视剧《狂飙》在中央电视台电视剧频道(CCTV-8)播出,引发社会评论热潮,全剧平均收视率 1.54%,关注度峰值达 3.9912%,成为央视电视剧频道九年来收视第一的电视剧。在爱奇艺平台上,《狂飙》热度值突破 11800,刷新最高纪录;央视八套收视最高破三,酷云直播关注度历史峰值突破 3.99%,微博评分 9.5,实现收视口碑双登顶。

链 接

▼

反腐电视剧《狂飙》的价值

收视与口碑"高开高走"的《狂飙》,成为 2023 年首部荧屏爆款剧。有观众感叹:"如此'全民追剧'的盛况,让人想起《人民的名义》播出时的情形。"

与以往的扫黑题材剧相比,《狂飙》在叙事角度、呈现方式、人物塑造和演员表演等方面都有不少独到之处。《狂飙》一改传统扫黑题材剧集单向度、平面化的叙事模式,大胆采用一正一邪双线并行的叙事手法,并采用三个时空相互交错的蒙太奇手法展开故事。《狂飙》导演徐纪周认为,这种叙事手法上的创新能够给予观众新颖的观剧体验,时空交错中人物身份的更迭和命运的改变,容易引发观众共情。例如,剧中主要角色高启强原本是一个老实本分的菜市场鱼贩,却被欲望裹挟,从身不由己到一步步坠入黑暗,让无数观众为之唏嘘。

由人物群像塑造来带动事件发展，是《狂飙》另一大独特的戏剧魅力。以京海作为中国很多二线城市的缩影，描摹基层社会生态，展开一幅现代扫黑故事的"清明上河图"，是徐纪周创作《狂飙》的初衷。坚守正义二十年不曾放弃的安欣，一步步迷失堕落的高启强，为查清真相饱受误解、含恨牺牲的李响，因为家人最终没能守住底线的孟德海……无论是正面人物还是反面人物，《狂飙》中每个角色都有着丰富的故事线和细腻的情绪表达，避免了脸谱化的处理，使得该角色的形象显得真实、立体、丰满。

作为一部影视作品，《狂飙》回应现实关切，彰显正义坚守，尽管不免存在瑕疵，但它仍是一部诚意满满、敢于创新的好作品。《狂飙》的社会价值远不止于一部爆款电视剧那么简单。正如主创所言，该剧不单是简单展现矛盾和问题，更是尝试从社会环境、人性异化等多个维度去揭露和反思问题背后的深层原因，用扣人心弦的故事引导观众增进对常态化开展扫黑除恶斗争的认知。在严格把握尺度的前提下，该剧凸显了扫黑除恶专项行动本身的重大意义和艰巨性，以及以安欣为代表的扫黑英雄们的任重道远，完成了同类型影视创作的又一次突破。

（资料来源：张思毅：《〈狂飙〉的价值远不止一部爆款》，《南方日报》2023 年 2 月 5 日）

（四）建设警示教育基地

近年来，全国各地都在推进廉洁文化教育基地、廉洁文化示范基地等实体性的廉洁文化资源开发项目，既包含廉洁文化正面资源的开发利用，也有对反面资源的开发利用，但如果名称是党风廉政教育基地、廉政警示教育基地、廉洁警示教育基地等，那往往是以反面资源的利用为主。

警示教育基地建设主要有两种途径：一是依托监狱等实体机构建设而成，这往往是由当地党委政府主导建设；二是在单位内部开辟一个场所建设而成，这种往往是因为该单位曾经出现过严重的腐败现象或"前腐后继"的情况（如"一把手"腐败、窝案），需要在内部专门建设场所开展警示教育。警示教育基地陈设的内容往往有党的优良传统、优良作风的介绍，有重温入党誓词等主题，但主要还是党风廉政建设、反腐败斗争的相关制度介绍和本地区、本单位发生过的违纪违法典型案例的具体介绍，对参观者起到"震撼教育"的效果。近年来，一些警示教育基地将 VR 技术、3D 数字化投影与实景搭建融合，灵活植入忏悔视频、警示教育片等"软元素"，真实还原违纪违法人员从被讯问、留置、审判，再到入狱、重生的"全场景"，营造真实立体的"负面警示教育"氛围，让参观者受到"沉浸式"教育，打破了警示教育基地"千人一面"的格局。此外，廉洁警示教育基地开始从实体基地发展到网络虚拟基地，形成线上线下相结合的方式，党员干部、网民足不出户就可以参观警示教育基地，接受廉洁教育。

廉洁文化反面资源的开发途径和方式还有组织党员干部到法院庭审旁听案件审理，纪检监察机关到相关单位召开处分决定宣布会，将违纪违法案例运用到专题民主生活会、组织生活会等途径和形式。这些"接地气"的方式，成本低，操作简便，能够有效发挥反面资源的警示教育效果。

三、廉洁文化反面资源开发利用要注意的问题

相对于正面资源的开发，反面资源开发要注意的问题会更多一些，廉洁文化反面资源开发也不例外。这是因为，廉洁文化反面资源开发

的作品（如影视剧）更容易引发社会关注，出现社会争议的可能性更大；一些廉洁文化反面案例具有一定政治敏感性，开发利用必须慎重；部分社会公众对反面资源中的人和事存在"刻板印象"，对反面资源的开发利用存在怀疑，担心反面资源开发形成的作品会给社会特别是青少年带来不良影响；如何将反面资源蕴含的价值观等引导到正面上来，确实有相当的难度。近年来，一些口碑很好的反腐影视剧也引发了一些人的担心就是例证，比如，《狂飙》评价普遍很高，但也有人认为《狂飙》的情节脱离现实，甚至认为《狂飙》宣传了错误的价值观，剧情太过于"洗脑"，容易误导青少年。概而言之，廉洁文化反面资源的开发利用，确实要保持细心和谨慎。

（一）政治站位和方向导向问题

廉洁文化反面资源的开发利用首先要关注的，是政治站位和方向导向问题，即是说，廉洁文化反面资源的开发利用必须要有很高的政治站位，始终坚持正确方向，把握正确导向。

（1）同党中央保持高度一致，提高政治站位，保持高度的政治判断力。廉洁文化反面资源很多都涉及政治问题，其中更有不少政治腐败、经济腐败交织的案例，政治敏感性突出。对开发者来讲，在廉洁文化反面资源开发的过程中，首先要确保高度的政治站位，同以习近平同志为核心的党中央保持高度一致，以习近平新时代中国特色社会主义思想为指导，坚持正确思想导向和舆论导向，在大是大非面前立场坚定、旗帜鲜明。

（2）谨慎对待人物和事件的评价，做到权威、公正、科学。廉洁文化反面资源的开发，如何评价相关的人物和事件，是事关方向和导向的关键性问题。基本的原则是，对反面人物、事件的表述、评价等，要以习近平总书记的有关论述和党中央的决议、政策文件为依据，突出科学性和权威性，避免不必要的争议。中央已经有定论的历史人物和历史事件，要按照中央的有关决议、口径来表述；对存在不同看法的历史人物、历史事件，要谨慎使用。对党的十八大以来查处的腐败干部和腐败案件，要按照党中央和各级党委、纪委监委的权威定性来进行评价。

（3）坚持正确的价值导向，科学设置议程，弘扬社会正能量。廉洁文化反面资源中的人物，抱持的是错误的价值观，实施的是违纪违法的行为，这点必须明确和谨记。在反面案例的开发和利用上，必须以正确的价值观为基础设置议程，将错误价值观和违纪违法行为进行揭露和批判，在发挥警示教育作用的同时，弘扬社会正能量，而不能为了所谓"出戏"，通过潜藏的议程设置，或明或暗地为错误的价值观和违纪违法行为开脱或辩护，比如，在反腐影视剧中，采取社会归因的方式，将党员干部错误的价值观和违纪违法行为归因为制度问题、社会问题导致，这是非常错误的，必须警惕和防止。

（二）真实性、教育性和艺术性、群众性的冲突与协调问题

廉洁文化反面资源开发利用，必须坚持实事求是，把社会效益放在首位，真实性、教育性是其基本要求，但在实践中，也面临真实性、教育性同艺术性、群众性的冲突与协调问题，这是因为：其一，小说、影视等开发途径和方式要对人物进行艺术加工，对反面人物的艺术加工，可能影响真实性和教育性；其二，小说、影视等文化作品生产者都期待作品能够吸引观众，观众越多越好，经济效益越高越好，这就要突出作品的消费性和群众性，在一定程度上忽视作品的教育性，比如，廉洁文化反面资源开发利用中，如果把握不好，正面人物的刻画往往单一、刻板，反面人物反倒"立体生动"，更加"出戏"，也更加吸引人，容易出现教育性与消费性、群众性的矛盾；其三，纪录片、

警示教育基地等与影视作品相反，容易出现为了突出教育性而牺牲群众性、观赏性的情况，对反面人物的描述、对违纪违法行为的剖析"千人一面"，对观众的吸引力不足，也会影响社会传播效果和教育效果。

廉洁文化反面资源开发利用中，处理好真实性、教育性和艺术性、群众性的关系问题，要重点把握好三个方面：

（1）始终把真实性、教育性放在首位。这是党的建设特别是党风廉政教育的基本要求，也是廉洁教育的基本要求。真实才有说服力，发挥教育作用是根本。无论是正面人物还是反面人物，脱离社会真实都会带来争议，降低公信力和说服力，也不会收到好的教育效果。因此，廉洁文化反面资源的开发，要始终把真实性、教育性放在首位，要在真实性的基础上进行艺术加工，艺术加工是为了增强感染力和教育性。

链　接

▼

为什么扫黑反腐剧反派人物更容易出彩？

《狂飙》中的黑帮大佬、"卖鱼佬"高启强（张颂文饰演）无疑比剧中一众正面人物更出彩，《人民的名义》等反腐剧也是反派人物刻画更加立体丰富，观众对饰演反派人物的演员认可度更高。互联网上对这种情况有很多讨论，网友们比较一致的看法是，造成这种情况的原因主要有两点——"人设"和演技。

"人设"是根本原因。"人设"即人物设定。审查扫黑反腐剧的不仅仅是纪委监委、广电部门，剧中涉及的部门都可能参与审查。为了不影响过审，出品方往往将男主角设定为正面角色，将男二号设定为最大反派，结局往往也是固定的套路。剧情走向被固定后，要想拍出新意就只能靠丰富人设。为了减少风险，出品方往往将正派男主设置得几乎没有缺点，结果就是完美的人只能是"单面"的人，主角在观众眼里显得不真实、不接地气，很难得到认可。反派反倒不存在这个问题，"人设"可以非常丰富，他（她）可以把作恶做到底，也可以偶尔露出善意，让观众觉得他（她）不是那么坏，甚至不自觉地喜欢他（她）。

演技是助推因素。演员演技好，很烂的人设也能演出人物魅力，让观众喜欢，如《人民的名义》中侯勇扮演的"小官巨贪"赵德汉仅有两三集戏份，却凭借细腻精准的演技给观众留下了深刻印象；演员演技一般，拿到了好角色甚至主角却演不出人物魅力，如《人民的名义》中饰演男主角的演员是偶像剧出身，影响了剧中人物的塑造，演技受到批评。扫黑反腐剧中，由于需要反派人物支撑故事情节发展，演员一般会选择有气场、演戏经验丰富、演技好的"老戏骨"出演，这些"老戏骨"表演起来得心应手、张弛有度，对饰演正派角色的演员形成很大压力，一不小心就会被观众"群嘲"。

（2）根据不同的开发利用方式，针对性地处理好真实性、教育性和艺术性、群众性的关系问题。廉洁文化反面资源不同的开发途径和方式，对真实性、教育性和艺术性、群众性的要求有所不同，要根据具体情况进行有针对性的处理。比如，纪录片、警示教育基地的展陈内容，要把真实性放在第一位，让参观者了解党风廉政建设和反腐败斗争的真实情况，认识腐败行为带来的严重危害，接受"震撼"教育；影视剧源于现实但又高于现实，在总体真实基础上可以有适度的艺术加工，彰显艺术性，增加传播性和吸引力，以艺术的方式实现廉洁教育的目的，并实现其市场价值。总的来说，要根据实际情况，把握好真实性、教育性和艺术性、群众性之间的平衡与尺度，但不能偏离廉洁教育的目标。

（3）处理好正面资源与反面资源的关系，以廉洁价值为引导，在正面故事上多下功夫。不管是廉洁文化的正面资源还是反面资源，其开发利用都是服务于廉洁教育，传播廉洁正能量是不变的目标。正面资源和反面资源相互配合，让反面资源更好地服务于正面资源，才能取得更好的教育效果。从现实情况看，要在正面资源开发利用上多下功夫，比如，反腐影视剧中正面人物的塑造要立足人物真实，敢于打破陈规，在人物刻画的立体、丰富上下功夫，讲好正面资源的故事。

（三）编码、解码及其落差问题

编码、解码是文化传播的基本要素、基本环节。廉洁文化资源开发和形成作品的过程就是编码的过程，对廉洁文化作品的参观、欣赏、阅读就是解码的过程。廉洁文化反面资源的开发，离不开编码、解码的问题，尤其要关注传者的编码与受者的解码之间的落差问题。

编码是传者的信息建构和信息的符码化过程，是传者思想观念特别是意识形态的指导下，确定视角，选取素材，运用技术手段打造作品的过程。编码受到传者的思想观念、利益结构、利益诉求、制度机制等多方面因素的影响。解码是受者对作品进行解读，并引起受者的赞同、妥协或抵抗的过程。受者的解码是相对独立的，并不会完全接受传者设定的目的和意图，受者的解码往往受到自身的利益取向、价值立场、情感等的影响。概而言之，传者的编码与受者的解码之间存在一定程度的差异，也就是编码和解码的落差。

廉洁文化反面资源的开发利用，首先要提高编码能力。传者（作品创作者）要不断提高政治判断能力，增强政治敏锐性，围绕教育目的科学选取资料和素材，运用有效的表达方法和呈现方式，将积极正向的廉洁价值观巧妙地融入反面材料中，有效引导受者的解码倾向，让受者在不知不觉中接受教育和感染。

廉洁文化反面资源的开发利用，还要关注受者的解码倾向，尤其要关注解码和编码可能出现的落差。不同地位、特点的受者，对廉洁文化作品特别是反面资源形成的作品存在不同的解码倾向，不管编码多么精巧，总是会有部分受者的解码倾向，与编码期待的解码路径存在较大差异甚至相反。比如，对反腐剧《人民的名义》的创作者期待受众了解反腐工作的困难，但观众调查显示，"《人民的名义》呈现了腐败懒政、潜规则、阶级固化等严峻深刻的社会问题，揭露了官场腐败生态，引起受众的强烈共鸣"①。对廉洁文化作品来讲，解码和编码之间的落差是客观存在的，不可避免，与编码存在落差的解码未必是价值观的错误，但创作者要高度关注多元解码倾向和解码编码落差的情况，在编码过程即作品创作过程中认真考虑，尽量防止出现与编码意图有很大落差的解码倾向，尤其要防止出现"对抗式"的解码。在反腐剧创作中，对腐败的情节如何呈现，细节呈现到什么程度，艺术化的处理如何把握，都要集思广益、谨慎拿捏，避免观众出现有较大偏差甚至错误的解读。

---

① 王艺静：《反腐题材电视剧的大众传播研究》，浙江传媒学院 2018 年硕士学位论文，第 39 页。

结束语

　　廉洁文化建设不是建立在沙堆上，需要各方面的文化资源作为基础，提供助力；廉洁文化资源的开发利用状况，直接体现廉洁文化建设的成效。社会主义先进文化、革命文化、中华优秀传统文化，为新时代廉洁文化建设提供了丰厚的资源，也为新时代廉洁文化建设提供了丰厚的文化滋养。

　　本书对社会主义先进文化、革命文化、中华优秀传统文化以及廉洁文化反面资源的开发利用作了简明扼要的分析。需要指出的是，贯穿廉洁文化资源开发的，一是开发主体创新创意能力问题；二是开发成果即文化作品或文化产品的问题。文化资源开发不同于一般的资源开发，它需要创新和创意，需要以有创新、创意的成果来实现开发的目的——服务和推动廉洁教育，在全党全社会营造和弘扬崇尚廉洁、抵制腐败的良好风尚，这一切都有赖于开发主体的能力。

　　互联网技术为文化生产和文化传播带来了革命性的变革，新时代廉洁文化资源的开发、廉洁文化成果的传播，离不开互联网的助力；互联网新媒体已经成为社会公众获取信息、开展娱乐的最主要的途径和方式，廉洁文化产品要有社会渗透性，取得廉洁教育的预期效果，也离不开互联网。正如《关于加强新时代廉洁文化建设的意见》强调的，要"加强廉洁文化网络内容建设，充分运用媒体融合成果，增强吸引力、感染力"，"创新传播载体手段，积极运用社交媒体、移动客户端等传播平台，实现广泛覆盖、有效覆盖"。

廉洁文化资源开发，必须坚持市场和政府"两条腿走路"。实践证明，廉洁这一美好价值是有广阔的"市场"和"市场价值"的。廉洁文化资源开发一定程度上离不开文化产业，以文化产业推动廉洁文化资源开发，往往能够取得意想不到的文化生产效果和文化传播效果。当然，市场不是万能的，对有鲜明价值立场和意识形态特点的廉洁文化来讲，需要党委政府的协调和规划，革命文化资源、中华优秀传统文化资源等稀缺资源的开发，更要由党委政府来指导甚至主导。

新时代新征程，随着全面从严治党的不断深入，随着不敢腐、不能腐、不想腐的一体推进，廉洁文化建设也将不断深入，与之相伴随的，是廉洁文化资源开发的不断推进、廉洁文化成果的不断涌现。作为廉洁文化建设的研究者和参与者，我们热切期盼着！

主要参考文献

1. 《马克思恩格斯选集》（1—4卷），人民出版社 2012 年版。

2. 《列宁选集》（1—4卷），人民出版社 2012 年版。

3. 《列宁专题文集：论无产阶级政党》，人民出版社 2009 年版。

4. 《毛泽东选集》（1—4卷），人民出版社 1991 年版。

5. 《邓小平文选》（1—3卷），人民出版社 1994 年、1993 年版。

6. 《江泽民文选》（1—3卷），人民出版社 2006 年版。

7. 《胡锦涛文选》（1—3卷），人民出版社 2016 年版。

8. 《习近平著作选读》（1—2卷），人民出版社 2023 年版。

9. 《习近平谈治国理政》（1—4卷），外文出版社 2018 年、2017 年、2020 年、2022 年版。

10. 《习近平关于全面从严治党论述摘编》，中央文献出版社 2021 年版。

11. 《习近平关于严明党的纪律和规矩论述摘编》，中国方正出版社、中央文献出版社 2016 年版。

12. 《习近平关于党风廉政建设和反腐败斗争论述摘编》，中国方正出版社、中央文献出版社 2015 年版。

13. 《习近平关于注重家庭家教家风建设论述摘编》，中央文献出版社 2021 年版。

14. 《习近平关于社会主义文化建设论述摘编》，中央文献出版社

2017 年版。

15. 《习近平关于全面依法治国论述摘编》，中央文献出版社 2015 年版。

16. 《十八大以来重要文献选编》（上、中、下册），中央文献出版社 2014 年、2016 年、2018 年版。

17. 《十九大以来重要文献选编》（上、中、下册），中央文献出版社 2019 年、2021 年、2023 年版。

18. 梁漱溟：《东西文化及其哲学》，商务印书馆 2005 年版。

19. 钱穆：《文化学大义》，九州出版社 2012 年版。

20. 司马云杰：《文化社会学》，华夏出版社 2011 年版。

21. 夏美武：《当代中国政治生态建设研究：基于结构功能分析视角》，中国社会科学出版社 2014 年版。

22. 杨凤城等：《中国共产党文化思想史》，中共党史出版社 2023 年版。

23. 伍新林等：《廉洁从政：中华传统清廉文化与当代共产党人的廉洁操守》，人民出版社 2018 年版。

24. 麻承照：《廉政文化概论》，中国方正出版社 2014 年版。

25. 赵薇、王汉苗：《正心——传统文化与人格养成》，中华书局、齐鲁书社 2018 年版。

26. 郭钦：《中华廉洁文化史》，社会科学文献出版社 2019 年版。

27. 单卫华、赖红卫、张相军：《中国廉政文化史》，山东画报出版社 2010 年版。

28. 高超、张亚东、巩永丹：《社会主义先进文化与当代中国》，人民日报出版社 2019 年版。

29. 张国臣等：《社会主义廉洁文化建设论》，人民出版社 2011 年版。

30．渠长根主编：《红色文化概论》，红旗出版社 2017 年版。

31．马静：《红色文化教育理论与实践研究》，南开大学出版社 2015 年版。

32．姚伟均：《文化资源学》，清华大学出版社 2015 年版。

33．姚伟均等：《从文化资源到文化产业——历史文化资源的保护与开发》，华中师范大学出版社 2012 年版。

34．郑涵、张莹主编：《文化创意产业读本》，上海交通大学出版社 2013 年版。

35．于少东、李季主编：《中国文化产业经典案例》，中国建筑工业出版社 2015 年版。

36．张立波编著：《文化产业项目策划与管理》，北京大学出版社 2013 年版。

37．李林主编：《文化资源学：理论与案例》，华中科技大学出版社 2021 年版。

38．张佑林、陈朝霞：《文化资源开发与文化产业发展》，经济科学出版社 2021 年版。

39．赵尔奎、杨朔编著：《文化资源学》，西安交通大学出版社 2016 年版。

40．房世刚：《全面从严治党基本问题研究》，山东大学出版社 2018 年版。

41．王立峰：《党规原理论》，人民出版社 2021 年版。

42．祝灵君：《中国共产党人的党性与党性修养》，人民出版社 2023 年版。

43．谢晓娟、王晓红主编：《共产党员理想信念教育研究》，人民出版社 2019 年版。

44．李建华：《政党伦理论》，北京大学出版社 2023 年版。

45. 张宏杰：《顽疾：中国历史上的腐败与反腐败》，人民出版社 2016 年版。

46. 高波：《廉洁拐点：世界难题与中国答案》，中信出版社 2017 年版。

47. 刘纪舟：《落马贪官的腐败心理：腐败心理学研究》，中共中央党校出版社 2013 年版。

48. 陈明明主编：《反腐败：中国的实践》，复旦大学出版社 2017 年版。

49. 李雪勤：《清廉中国——反腐败国家战略》，浙江人民出版社 2021 年版。

50. 祈一平：《国家治理现代化与腐败治理》，中国发展出版社 2016 年版。

51. 何旗：《家族式腐败问题研究》，中国方正出版社 2020 年版。

52. 燕继荣等：《新时代国家治理变革研究》，人民出版社 2022 年版。

53. 武光军、顾国平：《新加坡反腐的历史进程及廉政建设机制研究》，中国法制出版社 2016 年版。

54. 陈金龙、周建伟、董海军等：《新时代全面从严治党的理论创新》，中山大学出版社 2021 年版。

55. 于东：《历史发展中的周期率问题研究》，江西人民出版社 2010 年版。

56. 季正矩：《跨越腐败的陷阱：国外反腐败的经验与教训》，中国经济出版社 1999 年版。

57. 刘京希：《政治生态论——政治发展的生态学考察》，山东大学出版社 2007 年版。

58. 郭剑鸣等：《"清廉浙江"公众感知评估报告》，光明日报出版社 2019 年版。

59. 李辉：《国外腐败问题研究：历史、现状和方法》，中国方正出版社 2019 年版。

60. 《十八大以来廉政监督条例》，人民出版社 2019 年版。

61. ［美］伊曼纽尔·克雷克、威廉·切斯特尔·乔丹主编，邱涛等译：《腐败史》（上中下），中国方正出版社 2016 年版。

62. ［美］迪特尔·哈勒、［新西兰］克里斯·肖尔主编，诸葛雯译：《腐败：人性与文化》，江西人民出版社 2015 年版。

63. ［美］塞缪尔·亨廷顿、劳伦斯·哈里森主编，程克雄译：《文化的重要作用：价值观如何影响人类进步》，新华出版社 2010 年版。

64. 公婷、王世茹：《腐败"零容忍"的政治文化——以香港为例》，《复旦公共行政评论》2012 年第 2 期。

65. 周建伟：《整体主义与个体主义：政党文化研究的两种路径》，《理论探索》2008 年第 1 期。

66. 柴宝勇、黎田：《政治文化、政党文化与党内政治文化关系辨析》，《马克思主义研究》2020 年第 5 期。

67. 唐皇凤、董大仟：《中国共产党百年政党伦理建设的历史经验探赜——基于价值、制度和主体的三维解读》，《江苏社会科学》2021 年第 5 期。

68. 李康平：《中国革命文化基本理论问题研究》，《马克思主义研究》2015 年第 7 期。

69. 杜治洲：《廉洁文化的基本内涵、形成机理与建设策略》，《理论探索》2023 年第 4 期。

70. 闵雪：《新时代廉洁文化：从自在走向自觉》，《长白学刊》2024 年第 2 期。

71. 何旗：《家族式腐败的生成逻辑及其治理路径》，《中州学刊》2019 年第 1 期。

72. 何旗：《一把手腐败与政治生态污染及其修复》，《理论探索》2020 年第 2 期。

73. 《中国共产党党内法规体系》，《人民日报》2021 年 8 月 4 日。

74. 《关于加强新时代廉洁文化建设的意见》，2022 年 2 月。

75. 《关于进一步加强家庭家教家风建设的实施意见》，2021 年 7 月。

后　记

　　本书是广东省重点智库广东党的建设研究院与广东人民出版社共同策划的《廉洁文化丛书》中的一本，全书由华南师范大学马克思主义学院周建伟、广州大学建筑与城市规划学院马雪莲共同撰写。写作框架由两位作者讨论确定，第一章、第二章由二人合作撰写，引言、第三章、第五章、结束语由周建伟撰写，第四章由马雪莲撰写，统稿工作由周建伟完成。

　　本书以廉洁文化资源的类型（社会主义先进文化、革命文化、中华优秀传统文化）为经，以廉洁文化资源开发的途径和方式为纬，扼要阐述了廉洁文化资源开发中的一般性问题和对策措施。周建伟的研究方向主要为马克思主义中国化和党的建设，马雪莲的研究方向主要是文化地理和城乡规划，本书的主题是廉洁文化资源开发利用，是党的建设和文化建设的交叉领域，与两位作者的研究领域契合。

　　感谢华南师范大学马克思主义学院、广东党的建设研究院对"廉洁文化建设丛书"的支持，感谢教育部"长江学者"特聘教授、华南师范大学马克思主义学院陈金龙老师对我们一直以来的指导和关心。

　　感谢广东人民出版社卢雪华副总编辑、曾玉寒主任的辛勤付出，没有他们的策划与督促，就没有包括本书在内的《廉洁文化丛书》的撰写和出版；责任编辑伍茗欣、舒集字斟句酌，为本书增色不少，在此表示诚挚感谢！

　　本书的定位是雅俗共赏的党建读物，有一定的理论分析同时又通俗生动，力求讲好新时代廉洁文化资源开发的故事。为了增加生动性和可读性，本书以链接形式呈现了不少有价值的案例，其中援引或参考了新闻媒体报道和学界同人的相关研究成果，在此一并致谢！

　　本书是一本"小书"。廉洁文化资源开发是一个博大精深的议题，限于著作篇幅和作者的研究能力，本书的分析只是初步的。书中的不足和疏漏之处，祈请读者朋友不吝指出！

周建伟

2024 年 2 月于广州华南师范大学文科楼